中国文化知识文库

中国古代典章制度

徐潜/主编
张克 崔博华/副主编
郭强 孟凡慧/编著

吉林出版集团
吉林文史出版社

图书在版编目（CIP）数据

中国古代典章制度 / 徐潜主编 .—长春：吉林文史出版社，2013. 3（2025. 9重印）

ISBN 978-7-5472-1498-5

Ⅰ. ①中…　Ⅱ. ①徐…　Ⅲ. ①典章制度-中国-古代-通俗读物　Ⅳ. ①D691. 5-49

中国版本图书馆 CIP 数据核字（2013）第 062892 号

中国古代典章制度

ZHONGGUO GUDAI DIANZHANG ZHIDU

主　　编　徐　潜
副 主 编　张　克　崔博华
责任编辑　张雅婷
装帧设计　映象视觉
出版发行　吉林文史出版社有限责任公司
地　　址　长春市福祉大路 5788 号
印　　刷　唐山富达印务有限公司
版　　次　2013 年 3 月第 1 版
印　　次　2025 年 9 月第 5 次印刷
开　　本　720mm×1000mm　1/16
印　　张　10.25
字　　数　250 千
书　　号　ISBN 978-7-5472-1498-5
定　　价　68. 00 元

序　言

民族的复兴离不开文化的繁荣，文化的繁荣离不开对既有文化传统的继承和普及。这套《中国文化知识文库》就是基于对中国文化传统的继承和普及而策划的。我们想通过这套图书把具有悠久历史和灿烂辉煌的中国文化展示出来，让具有初中以上文化水平的读者能够全面深入地了解中国的历史和文化，为我们今天振兴民族文化，创新当代文明树立自信心和责任感。

其实，中国文化与世界其他各民族的文化一样，都是一个庞大而复杂的“综合体”，是一种长期积淀的文明结晶。就像手心和手背一样，我们今天想要的和不想要的都交融在一起。我们想通过这套书，把那些文化中的闪光点凸现出来，为今天的社会主义精神文明建设提供有价值的营养。做好对传统文化的扬弃是每一个发展中的民族首先要正视的一个课题，我们希望这套文库能在这方面有所作为。

在这套以知识点为话题的图书中，我们力争做到图文并茂，介绍全面，语言通俗，雅俗共赏。让它可读、可赏、可藏、可赠。吉林文史出版社做书的准则是“使人崇高，使人聪明”，这也是我们做这套书所遵循的。做得不足之处，也请读者批评指正。

编　者

2012年12月

目　录

中国古代选举制度

中国古代选举制度既是选拔人才的制度，同时又是一种选官制度和文化制度。它经历了远古时代的“禅让制”、封建贵族的“世袭制”、两汉的“察举制”、魏晋南北朝时期的“九品中正制”及隋唐明清的“科举制”等发展阶段。在“九品中正制”基础之上发展而来的科举制对于社会的稳定、各民族的团结与融合，中华文明的传播与建设，特别是对儒家文化和古代教育的促进和发展都曾产生过巨大影响。

一、选举制度的渊源

中国古代选举制度既是选拔人才的制度，同时又是一种选官制度和文化制度。它经历了远古时代的“禅让制”、封建贵族的“世袭制”、两汉的“察举制”、魏晋南北朝时期的“九品中正制”及隋唐明清的“科举制”等发展阶段。大致分为以隋唐为分界线的“荐举”与“科举”考试选拔官吏的两种制度。

“万般皆下品，唯有读书高。”在九品中正制基础之上发展而来的科举制，始于隋，确立于唐朝，完备于宋朝，兴盛于明、清两朝，废弃于清末，作为一种曾经“最不坏”的官僚选拔制度，历经一千三百余年，其历史之长，影响之大，可谓家喻户晓，妇孺皆知。它对于社会的稳定，各民族的团结和融合，中华文明的传播和建设，特别是对儒家文化和古代教育的促进和发展都曾产生过巨大影响。

源远流长的中国历史蕴涵着辉煌灿烂的政治文明，选举制度是其重要的组成部分。与西方现代选举制度相比，作为培养、选拔和任用士人为政府官员的中国古代选举制度，是独特的完整的有机体系。在每一个历史阶段都有其特定的模式，而且，这一模式总随着社会历史的进步而不断发展前进。在近现代中国历史进程中，西方现代选举制度和中国古代选举制度在冲突、碰撞和融合中共同推动着制度改革和社会发展。今天，对中国古代选举制度进行研究，仍然有一定的借鉴意义。

（一）两汉以前的选举制度

我国古代的选举制度，因时代不同，方法各异。如果将原始社会推举首领也列入其中的话，可以说原始社会实行的是“选贤任能”的民主制度；夏、商、周时期，实行的是所

谓“世卿世禄”制，但有些统治者也采取“举贤才”的特殊措施；战国时期，各国国君采取的是“军功”和“养士”的办法；选举制度正式开始于汉代，主要通过“征辟”和“察举”两种方式选拔人才；魏晋南北朝时期，采用的是九品中正制；隋唐至清，都实行科举制度，即所谓“开科取士”。它们之间均有渊源关系。

1. 原始社会的“选贤任能”

在“天下为公”的原始社会，生产力水平极为低下，决定了必须实行集体劳动和生产资料、生产产品公有制。当时，社会的基本组织形式是氏族和部落。出于社会分工的需要，人们推选富有生产经验的劳动能手和具有指挥才能的人充当部落的组织者、管理者和保卫者。即部落的首领必须贤（贤德）能（能力）兼备并由民主选举产生。如果他们工作不称职，群众可以罢免他。这就是原始社会“选贤任能”的民主制度。著名的尧、舜、禹禅让就是这一时期的产物。

2. 夏、商、周时期的“世卿世禄”和“举贤才”

夏、商、周时期，大同之治转为小康之治，“公天下”转为“家天下”。在奴隶制的夏、商、周时代，奴隶主阶级为了巩固自己的统治，将所有官吏由奴隶主贵族按自己亲属血缘关系的远近来加以分封，当时主要官吏都是世袭的，这种官吏的任用方法叫做“世卿世禄”制。由于这种制度有很大的寄生性和腐朽性，而成为国家机器中的腐蚀剂，所以有些统治者为了要使国家机器有效地运转，便采取“举贤才”的特殊措施，从才华出众的平民和奴隶中选拔人才，让他们补充到政权中来。商代著名的丞相伊尹就是以奴隶身份被任用为官的。

3. 战国时期的“军功”和“养士”

战国时期，中国逐渐进入封建社会，代表新兴地主阶级政治力量的“士”阶层已开始登上历史舞台。他们虽然出身不同，但都刻苦学习文化知识，熟悉当时形势，敏锐果断，敢于担负革新政治、经济、军事和处置外交政策的重任。各国国君为了在大动荡中保持和发展自己的势力，莫不以“礼贤下士”的姿态招揽人才。

当时国君选用官吏，主要采取两种途径，一是“养士”，一是“军功”。国君平时常招集一批有学问有才干的人，供养在自己身旁。这些人，一般都是贵

族出身，称为“士”，国君供养他们，就叫做“养士”。国君随时可以从这些“士”中选取适当的人，分派官职。另外，各国君主也从有军功的人中选拔官吏，按功劳的大小赏给官爵；称为“军功”，有的国君还任命别国的人担任自己国家的要职，称为“客卿”。

秦始皇统一中国和建立秦王朝以后，认为“养士”和“军功”制有碍于中央集权的加强，于是采取各种措施予以削编。又实行察举（即由下而上推选人才）、征辟（由上而下选任官吏），叔孙通以文学被征聘就是证明。但这种选官办法未及发展成型，秦朝已在农民起义的打击下灭亡了。

（二）两汉时期的察举和征辟制度

“秦时明月汉时关，万里长征人未还。”经历了秦始皇攻灭六国和汉初重新统一中国的战乱之后，中国社会终于从戎马倥偬的岁月跨入大乱之后的大治时代。除了以军事拓展边关、巩固西域边陲之外，汉代统治者还十分注重文化方面的建设。在制度创设上，他们也显示出汉族先民敢作敢为的豪迈气魄，构想了一些立国的宏伟规划，如察举和征辟，便是在人才选拔方面开创了中国文明史的新纪元。

1. 察举制

西汉初年，官吏的选举主要有两种途径：一是沿袭秦代的军功爵制；二是选自郎官。郎官是皇帝身边的侍卫集团，一部分来自家赀（资）富有的子弟，称为“赀选”；一部分多由任职三年以上（并且俸禄在两千石）官员的子弟充任，称为“任子”，这种选官制度不能适应日益加强的专制王朝的需要。为了加强中央集权，巩固扩大西汉的统治基础，重建专制主义中央集权的封建国家，就需要大量的人才，察举、征辟之制应运而生。

所谓察举，又称荐举，是根据皇帝诏令所规定的科目，由中央和地方的高级官吏察访人才，举荐朝廷，并对被举荐者采用“策问”的方式进行考试的一种选官制度，是西汉选用官吏最主要的途径之一。察举可分诏

举与岁举，诏举是皇帝下诏选取特殊人才，岁举是地方长官定期定员向朝廷推荐人才，二者都是由下向上推选人才的制度。汉代选官以“乡举里选”为依据，体现的是尊重乡里舆论对士人德才评判的权威性。察举的科目主要有贤良方正、孝廉、太学博士弟子、茂才异等及特举特科等。后来察举孝廉一科又分为操行、通经、明法、才略四科。有时皇帝对于贤良方正等用“对策”“射策”的方式进行考核。察举制从汉高祖刘邦时期开始，到西汉中期武帝时期渐成定制。

察举制从程序上讲，先由各级地方官吏向朝廷举荐人才，并以此作为地方官吏的重要职责之一。之后再进行“策问”考试。所谓“策问”，分两种方式进行。一是“对策”，即由皇帝根据当时的政治、经济、军事、文化等方面的情势提出问题，写在“策”（竹简）上，应试者据此做出书面答案，是谓“对策”；二是“射策”，就是把各种疑难问题写在竹简上，由应试者用箭投射简策，根据所投射中的简策回答问题。这是一种抽签方式的口试、笔试。从考试内容(科目)上讲，初为举荐“贤良方正能直言极谏者”。西汉惠帝时，汉朝在各郡县推选“孝悌力田”者，中选者给予免除本人徭役的优待，用以“导率”乡人。西汉文帝时诏举要能“明于国家大体，通于人事之始终及能直言极谏者”，并按考试成绩区分高低等第。

元光元年（前134年），汉武帝采纳董仲舒的建议，颁行了新的选官制度，开孝、廉两科，把孝廉作为选拔官吏的重要科目。“孝”就是孝悌的人，“廉”就是廉吏。后来两科合为一科，并称“孝廉”。规定各地郡国地方官吏每年按人口比例向朝廷举荐一定数量的孝廉。最初，各郡国对举“孝廉”并不重视，有的郡国不荐一人。武帝因此下诏督责，并规定严厉的处罚办法，不举廉，就是不胜任，应当免官。从此以后，郡国岁举孝廉的察举制度最终确立起来，并成为封建士大夫进入仕途的主要途径。之后又增加明法、治剧、兵法、阴阳灾异等科目，但都偶尔为之，并不重要。更主要的是要求应举者通晓儒家的诗书礼乐，对策能引经据典，富于文采。汉学因此而兴盛，国家的统一和中央政权的

巩固也因以儒学为核心的封建专制主义的意识形态的强化而进一步发展。

另外，汉武帝也注重德才兼备的开拓型的人才，不论出身，只要是“有非常之功”的“非常之人”，他就破格任为“将相”或“使绝国者”（出使外国）。因此，在他统治时期人才济济，比如破格录用了出身贫寒的主父偃和朱买臣，从牧羊人中提拔了卜式，从商贾中擢升了桑弘羊，在奴隶群中发现了大将卫青，在降虏中任用了金日磾。加上公孙弘、韩安国、郑当时、董仲舒、苏武、张骞、司马相如、司马迁、霍去病、霍光等，形成了“汉之得人，于兹为盛”的局面。正因为有这样一批文才武将，才使汉武帝时期成为我国封建社会中一个辉煌时代。

2. 征辟制

所谓征辟，是皇帝和高级官吏自上而下选拔官吏任用属员的一种制度。主要有皇帝征聘与公府、州郡辟除两种方式。高级官吏把有声望、有才干的人推荐给朝廷，由皇帝聘任为官的称“征聘”或称“征”，由地方高级官吏将人才聘为自己幕僚属官的称“辟除”或称“辟”。

皇帝征聘是采取特征与聘召的方式，选拔某些有名望、有才干的品学兼优的人士，或备顾问，或委任政事。皇帝征聘，为汉代最尊荣的仕途，被征者来去自由，皇帝不能强制；且征聘之后，地位也不同于一般臣僚，大都待以宾礼。

辟除是高级官员任用幕僚属吏的一种制度。汉代辟除官吏有两种情况：一种是三公府辟除，试用之后，由公府高第或由公卿荐举与察举，可入朝廷做官或外长州郡，因此公府属官位虽低，却易于显达。另一种是州郡辟除，由州郡佐吏，因资历、功劳，或试用之后，以有才能被荐举或被察举，亦可升任朝廷官吏或任地方长吏。公府与州郡有自行选官之权，而被辟除的属吏又不为朝廷命官，故去留亦可以自便。如不应辟，也不能加以强迫；否则，要受到舆论的非议。尤其是州郡辟召是当时比较自由的仕宦途径，而且辟除之后，主官即当加以重用；否则，气节志行之士就会主动辞职。

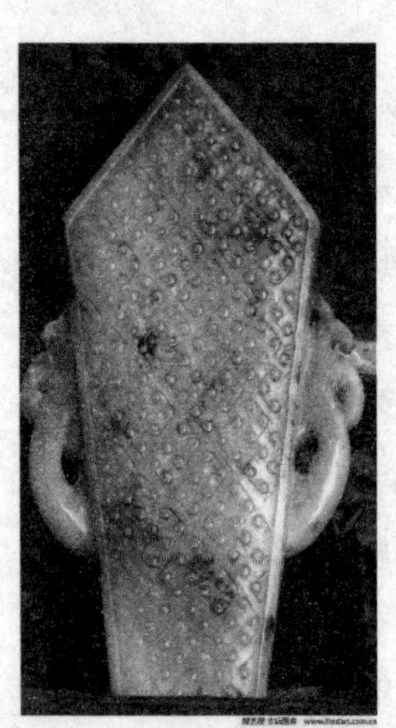

东汉时期，继续推行西汉的察举、征辟制。那时，虽然名义上被察举的人必须有“高才重名”，为乡党舆论所推崇。由于士人追求富贵权名只有“入仕”一途，不

少士大夫为了博取高官厚禄，贿赂请托，营私舞弊，特权横行，“以族（门第）举德，以位（权位）命贤”。风气日坏，受举荐者多为无真才实学的市井之徒。察举、征辟制渐趋败坏。至东汉末年，察举、征辟制已败坏不堪，民间流传着“举秀才，不知书；察孝廉，父别居；寒素清白浊如泥，高第良将怯如鸡”的谚语。

（三）魏晋时期九品中正制的确立

经历过东汉末年农民起义、群雄逐鹿之后，一批铁血英雄分别建立了各自的王国，历史进入了魏晋南北朝时期。除西晋短暂的统一外，华夏大地或三国鼎立，或南北对峙，三百余年间难得有安宁的时候。不过，就文化的传承而言，此时期却不完全处于黑暗的谷底，也有一批文化大师、科学巨匠诞生。在人才选拔方面，占统治地位的选举制度是九品中正制（或称九品官人法）。

魏晋之际，察举制、征辟制未废，但主要又是通过施行九品中正制来选拔官吏。这是从曹操大胆提拔出身微贱的士人，提出“唯才是举，以备录用”的用人政策开始的。曹操于建安十五年（210 年）春下令察举贤能，他在多次发布的“求贤”令中，反复阐明选拔人才的原则和标准，其核心就是任人唯才，而不拘泥于名声、品行，从而为那些才能出众者提供了进身入仕的机会。有许多出身低微但颇具“治国用兵之道”的文武英才，由于实行“唯才是举”而得到提拔重用。

为了更好地贯彻“唯才是举”这一用人政策，曹丕代汉，废献帝自立为帝之后，采纳吏部尚书陈群的建议，创立九品中正官人法，即九品中正制。其主要内容是：在中央选择“贤有识鉴”的官员，兼任其籍贯所在州、郡的“中正官”（郡设置中正，州设置大中正），负责察访本地士人。“中正官”根据其家世、德行和才能，对其作出等级，称为“品”。品共分为九等，即上上、上中、上下、中上、中中、中下、下上、下中、下下。之后写出概括性的评语，称之为“状”，合成“品状”上报中央。中央有关部门选拔官吏时，主要依据中正对士人评定的品第，授予相应的官职。这种选举制度成为魏晋南北朝时期选拔官

吏的重要制度。

九品中正制这一制度是对汉代选官传统的延续，也是对曹操用人政策的继承。初行之时，大小中正官在对士人的考评中比较注重才能，因此体现了“唯才是举”的精神，也确实选拔出一些有用的人才。但到魏晋之交，充当中正官者一般是二品大员，而获得二品者几乎全部是门阀士族，同时大小中正官又与盘踞朝廷的士家大族相勾结，他们完全把持了官吏选拔之权。

因此，品评人才的标准也就由才德转为门第家世，于是在评定品级时，偏袒士族人物。九品的划分，已经背离了“不计门第”的原则。才德标准逐渐被忽视，而家世门第则越来越被重视，甚至成为唯一的标准，到西晋时终于形成了“上品无寒门，下品无士族”的门阀士族垄断政权的局面。九品中正制成了维护和巩固门阀统治的重要工具，成了保护士族世袭政治特权的官僚选拔制度。到了隋代，随着门阀士族制度的衰落，九品中正制最终被废除。

二、科举制度的创立和发展

天下大势，合久必分，分久必合。中国在三百余年的长期分裂之后，于隋代又复归统一，建立了疆域辽阔的帝国。继隋而起的唐代更是一个国力鼎盛、蓬勃开放的朝代，不仅地大物博，而且具有一种无拘无束、恢弘自然的气象。“大漠孤烟直，长河落日圆”。尤其是在盛唐时期，整个社会政治文化呈现出丰富、绚烂的景象，在人才选举方面，隋唐更是开创了中国历史上的科举时代。

狭义的、严格意义上的科举是以进士科出现作为起始标志的。进士科举在中国延绵了一千三百年，对中国历史上的社会政治、文化教育等各方面均产生了重大而深远的影响。而进士科建立于隋代，因此在中国科举史上，隋代虽然短暂，却占有特别重要的地位。

（一）隋炀帝始建进士科

隋朝统一全国后，隋文帝为了适应封建经济和政治关系的发展变化，扩大封建统治阶级参与政权的要求，加强中央集权，于是把选拔官吏的权力收归中央。据史载，于开皇三年（583 年）正月，诏举“贤良”。开皇十五年（595 年），正式废除实行了三百多年的九品中正制，开皇十八年（598 年）七月，又令京官五品以上的总管、刺史，以“志行修谨”“清平干济”二科举人。

隋炀帝大业二年（606 年），设置进士科，以试策取人，所谓“进士”，即进受爵禄之义，由于狭义的科举是指进士科举，即从进士科设立之后，以考试来选拔人才任命官职，因此进士科的创立标志着中国古代科举制度的正式形成。

科举与以往的选士制度有承袭关系，但又有重大区别。最突出的区别是，以往的察举和九品中正制都是以主管官员的推荐作为选士的关键，所以又统称荐举；而科举则是以统一考试的成绩作为选士的基本依据，所以考试是科举的

核心。

科举制度的创立，是中国古代选官制度的一次巨大变革。“科举”是分科取士之意，它把读书、应考和做官三者联系起来，成为士人仕进的必由之路。由于不限制应考者的身份，在一定程度上改变了魏晋南北朝以来士族门阀把持仕途的局面，为庶族地主入仕参政开辟了道路。由此扩大和巩固了封建统治阶级的阶级基础，有利于大一统的社会发展。另一方面科举考试使选拔任用官吏有了相对公平的客观标准，一大批具有真才实学的知识分子由此充任各级政府官吏，给国家管理带来了若干新气象，成为中国古代文官制度的有力支撑和文化教育的导向。开凿大运河的隋炀帝，还开通了一条士人应试从政的新渠道，虽然一开始进士科还只是一条并不引人注目的小溪，后来却发展成为最宽阔的仕进主流，一直延续了一千多年，各朝一直沿用不废，遂被认为是开创了一个科举时代。

（二）唐代的科举发展

推翻隋朝的统治后，唐王朝承袭了隋朝传下来的科举制度，并使这一制度进一步发展。

1. 生徒和乡贡

唐代参加科举考试的考生主要有“生徒”和“乡贡”两种，他们是科举者的主要来源。由于唐代以来官学、私学教育的不断昌盛，培养了大量具有较高文化素质的人才。例如贞观以后，中央有国子监（下属有国子学、太学、四门学、律学、书学、算学等六学）、弘文馆、崇文馆，地方有州学、县学。仅国学生就有八千余人。每年冬天，国子监、弘文馆、崇文馆以及各州学、县学都要将经考试合格的学生送尚书省参加考试，这些来自学校的考生是参加科举的重要力量，被称为“生徒”。不在学校学习而自学有成就者，可向州、县“投牒自举”。也就是以书面形式提出申请，经考试合格，由州送尚书省参加考试。这些考生每年十月随地方向京师进贡的粮税

特产一起解赴朝廷，所以称之为“乡贡”。州县考试称为“解试”，解试获第一名的称为“解元”。尚书省的考试通称“省试”，或“礼部试”。礼部试都在春季举行，故又称“春闱”，“闱”也就是考场的意思。

2. 常举

唐代科举考试的科目很多，大体可分为常举和制举两类。常举是固定时间举行的固定科目选士，制举则为皇帝临时根据需要下诏开科选士。由于常举和制举选拔人才的目的不同，因此在考试内容、考生来源、考试方法上有很大区别。而常举以其长期性、固定性的优点成为科举中最重要的部分。我们通常所说的科举，指的就是常举。

常举的科目，在不同时期也不尽相同。其主要有秀才、明经、进士、明法、明书、明算、一史、三史、开元礼、道举、童子等科。其中常设的仅有明经、进士两科。此两科最初考试内容大致相同，主要是试策、帖经。后来两种考试的科目虽有变化，但基本精神是明经重帖经、墨义，进士重诗赋。

明经科始设于隋代，唐代正式确立该科的地位。明经科考试最初仅考时务策，唐高宗（650—683 年在位）时增加帖经，到唐玄宗（712—756 年在位）时增加墨义，并最终定型为帖经、墨义、时务策三场考试制度。

所谓帖经，是指考官任取经书的一页，将左右两边遮盖，中部只露出一行，另用纸盖住三五个字不等，要求被试者将所盖的字填出来，有些类似于今天的填空。每十帖答对六个以上的算及格。

所谓墨义，是考经文及注疏，初为口试，称为“口义”。后因容易被人作弊，改为笔试，故名墨义。这种方法比较机械，考官出题时经常会找一些生僻的句子，而考生也发现了考官出题的这一规律，因此也就把心思放在如何押题上，反而对经书中的本义根本不加重视和了解。

所谓时务策，是指考官出一道有关政治、经济、军事、教育等方面的问题要考生作答，颇似如今的论述题，这是考试的最关键部分，比起帖经、墨义来难度更大，有的也还有一些实用价值。一些优秀的考生能够脱颖而出的原因，就在此处。

明经这种考试方法，以帖经墨义为主，注重儒家经典的背诵，在于测验考生对经典死记硬背的功夫，无法涉及对精神义理的理解，更谈不上个人有什么见解发挥，无助于启发人的聪明才智。有些考生把经书及注解背得滚瓜烂熟，却对精神义理茫然无所知，因此明经科较之进士科，始终为人所轻视。不过，由于是死记硬背，因此，在唐代常举各项科目中，明经科取士最多，每年约百名左右，而进士科每年不过三十名，所以明经一科是入仕要途。但是，最荣耀尊贵的却是进士科的及第者。

进士科最早设于隋炀帝大业年间（605—617），唐代继承隋制，于唐高祖武德四年（621 年）正式开进士科取士。唐太宗贞观八年（634 年），进士科加试读史书一部，唐高宗调露二年（680 年），进士科加试帖经，唐高宗永隆二年（681 年），进士科加试杂文。至唐玄宗天宝年间（742–756），唐代进士科最终实行帖经、杂文、时务策三场考试制度。

帖经的考试与明经科相同，但难度低于明经科，时务策的考试内容涉及国家现实问题，使读书人从书堆中爬出来，面向社会，观察思考问题，设计解决办法。从汉代以来，选拔人才即用策问方式，不失为一种较好的办法。但行之既久，题目未免陈陈相因。而对于绝大多数来自乡贡、生徒的考生来说，他们还没有什么从政治国的经验，往往也只能对着试题发些空洞的议论。于是社会上一般士人就拼命收集历年考试的策题和及第者的对策文章，研习揣摩，熟记硬背，上场后临时拼凑应付。

进士科考试最关键的一场是杂文二首。所谓杂文，泛指诗、赋、铭、表、赞之类。到唐玄宗开元年间，杂文二首便明确为诗、赋各一首。完全是测验应试者的文学才华。因此，唐人把进士科称为“词科”，后世也称唐朝“以诗赋取士”。

由于经文全赖背诵，诗赋则需发挥，因此，中明经易，中进士难。每年录取进士名额为三十人左右。与明经科录取百人左右相比，考进士要难得多。能考取进士者一般都是有真才实学的才子，许多人穷其一生精力，也不能得中。所以当时有“三十老明经，五十少进士”的说法。大诗人白居易 27 岁得中进士，作诗云：“慈恩塔下题名处，十七人中最少年。”像

他不到而立之年就得中进士的实在是少之又少。

秀才科在汉代已有，隋时得以正式确立。唐初继承隋制，以秀才科作为考试的最高科目。要求对有关国家的大政方略问题作策论五篇，旨在选拔一些具有宏观全局意识的高级人才，因此对考生要求非常高。如果被推荐参加秀才科考试未被录取，考生所在州的州长还要受处分，以至于后来参加考试人数非常少，到唐高宗时便废除了此科。

由于秀才科科第最高，取人又非常严格，所以及第人数极少。从唐高祖武德五年（622 年）到唐高宗永徽元年（650 年）。唐政府共举行过二十一次秀才科考试，共录取二十九人。

明法科是为唐王朝选拔法学人才，属专业性的科目。明法科首次开科时间约在唐高祖武德五年（622 年）以后。

明书科又称“明字科”，属于小学、文字科，主要考《说文解字》《字林》等，旨在选拔对书法、文字有专长的人才。

明算科属于数学科，考试内容为两类。一是试算学，考《九章算术》三条，包括《海岛算经》《孙子算经》《五曹算经》《张丘建算经》《夏侯阳算经》《周髀算经》等内容。另一个是试《缀术》《缉古算经》。旨在选拔精通算术的数学人才。

一史：指《史记》，旨在选拔精通《史记》的人才。

三史：指《史记》《汉书》《后汉书》。主要是选拔精通《史记》《汉书》《后汉书》三部著作的全面人才。

开元礼是对唐玄宗开元年间修成的《大唐开元礼》内容进行的考试。主要是关于礼仪制度方面的考试。

道举只在唐玄宗在位时实行过，主要考《老子》《庄子》《列子》等道家典籍。

凡十岁以下能熟习一部经书以及《孝经》《论语》的儿童，可以参加童子科考试。能背诵七卷的可授予出身；能背诵十卷的可以授官。韩愈的《送张童子序》称童子张某仅九岁，可以熟背经书，自州县至礼部试，一举而进，于是

就被授予了官职。

3. 制举和武举

唐代制举，科目往往临时设置，其中最著名的有贤良方正、直言极谏、博通坟典、达于教化、军谋宏远、堪任将帅、详明政术等科。制举考试的日期和项目都由皇帝临时决定。平民和官员都可以参加制科考试。一般都要考时务策，自唐玄宗以后又加试诗赋。考中后，有官职者升迁，无官职者由吏部授官。

制举是朝廷网罗人才的一种办法，但是往往不为人们所看重，认为非正途出身。张朗兄弟八人，其中七人以进士出身，一人由制举出身，于是大家就不愿和这一“兄弟”坐在一起，称他为“杂色”。应考常科或其他科目得官以后，还可以再应考制科。诗人贺知章，先应进士科，耀选及第，以后又应制科考试。传奇小说《游仙窟》的作者张鷟，进士及第后，又先后七次应不同名目的制科考试，全部登第。许多士大夫之所以在制科、常科间辗转应试，多是为了提高知名度。当然，也有不少人是希望利用这一机会痛陈己见，以补时局。

常科、制科之外还有武举。武举开始于武则天长安二年（702 年）。应武举的考生，和明经科、进士科的乡贡一样，由各州选送。不过，武举是由兵部考试，分为平射、武举两科。主要考举重、骑射、步射、马枪等技术，此外对考生相貌亦有要求，要“躯干雄伟、可以为将帅者”。唐代武举只实行一段时间便停止了，却为后世开创了先例。

4. 通榜和行卷

唐代的科举考试不实行糊名、誊录制度，考生的姓名笔迹都明白地摆在卷面上，这给考官在科考过程中舞弊留有余地。为了能录取有真才实学的考生，唐代科举公开采用一种“通榜”的办法，即主考官可以委派专人或亲自调查考生在社会上的才德声望，制成“榜帖”（名单），以供录取时参考。在调查过程中，社会名流、文坛巨子、达官贵人的推荐和赞誉就非常重要。有时甚至在考试之前，主考官就已经根据“榜帖”内定了及第者。

由于“通榜”制度的存在，以及在唐代，诗风大盛，达官贵人、骚人墨客皆以能诗为荣，

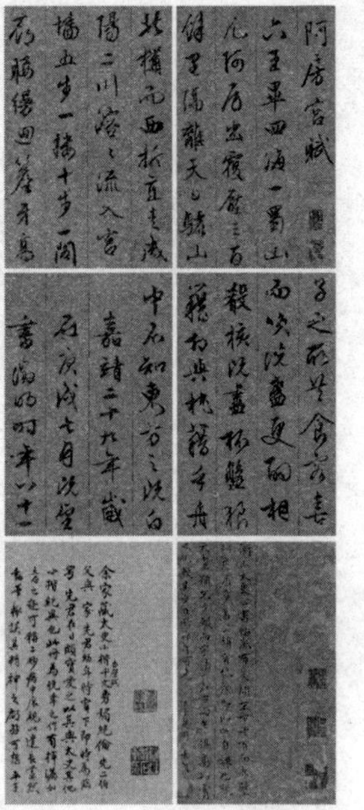

考生能否在科考中赋得好诗，对自己的科举成绩影响也非常大。因此考生们常常在应试前多方奔走，最重要的活动方式就是“行卷”（也称“投卷”）。即考生将自己平时所作诗文择其佳者，投献给当时的名公巨卿、社会贤达，以期望能够得到他们的赏识和帮忙。最著名的例子就是浙江考生朱庆馀的那一首《近试上张水部》：“洞房昨夜停红烛，待晓堂前拜舅姑，妆罢低声问夫婿，画眉深浅入时无？”那位张籍张大人得到此诗，甚为高兴，也作诗一首：“越女新妆出镜心，自知明艳更沉吟，齐纨未足时人贵，一曲菱歌敌万金！”朱庆馀因此诗而得中进士。

当然，像朱庆馀这样的幸运儿还是少的。这种类似走后门的行卷，一方面使得一些权贵势力经常干涉科举；另一方面使一些考生在行卷上弄虚作假，他们或者抄袭别人的好作品，署上自己的名字，或者弄清受卷者的好恶，作些投机文字，竭力巴结权贵，因此让一些并非有真才实学的人能够得中，而一些才华出众的考生却要名落孙山。大诗人杜牧去参加进士科考，虽然献上了自己的名作《阿房宫赋》而被考官大加赞赏，并且也有其他人推荐，但因为前几名已经事先被安排好了，杜牧不得不屈居第五。

行卷的风气延续至五代仍然盛行。直到北宋实行糊名和誊录制度，阅卷和录取工作都秘密进行时，行卷方才停止。

5. 及第与荣誉

常科考试最初由吏部主持，后改由礼部主持。通常士子参加礼部省试后，其文送中书门下省复核，通过后放榜，省试取中称“及第”，或称“登科”“登第”等。进士第一名称“状元”或“状头”。新科进士互称“同年”，主考官叫“座主”“座师”，被录取的考生便是他的“门生”。唐代各科中以进士及第最为显赫，又因当时举子多惯于穿白色麻布袍衫，故进士及第后有“白衣公卿”“一品白衫”的美称。因进士科备受青睐，故当时以进士登科为“登龙门”。意指犹如鱼过龙门而腾空为龙，转瞬间身价百倍。

放榜，有“榜帖”与“张榜”两种。主司以黄花笺写上及第者的姓名，遣

人持笺报之，称作“榜帖”，因有金花押其下，故又称“金花帖子”。“张榜”又叫“金榜”（因放榜书以黄纸），即抄录及第人姓名公之于世。因进士放榜多在春二月或三月初，故又有“春榜”之称。放榜后，新科进士们要举行庆贺活动，如曲江宴、雁塔题名等，春风得意，荣宠尽极。

6. 曲江宴、雁塔题名

曲江宴，为新科进士最盛大的庆典宴会。设于曲江岸边的杏园，亦称“杏园宴”。正当杏花怒放之时，红杏遂被称为“及第花”。新科进士们还要在同榜人中选出两名最年轻者，充当“探花使”或“探花郎”（后世科举称进士第三名为“探花”，即源于此），骑马遍游长安的大街名园，采摘各种早春鲜花。中唐诗人孟郊的《登科后》是唐诗写“探花”的名作：“昔日龌龊不足夸，今朝放荡思无涯。春风得意马蹄疾，一日看尽长安花。”长安官民游春之众，更为盛宴增添欢乐气氛。公卿豪贵之家也“钿车珠鞍，栉比而至”，在新科进士中选择东床快婿。

雁塔题名，也是新科进士们极大的荣耀。雁塔即今西安大雁塔、俯瞰曲江，是京师最高建筑，当时又名慈恩寺塔。新科进士们登楼眺远，题名留念。所以又把中进士称为“雁塔题名”。白居易及第时，年方27岁。有诗云：“慈恩塔下题名处，十七人中最少年。”

曲江宴与雁塔题名向世人展示了士子及第后的显赫、荣宠，以激励未第士子奋发而为之。同时，它也是一种无言的社会教化，有益于提倡礼教文事，敦促民间的文化学习。

7. 释褐试与仕途

当然，科举及第的人，虽可“一举成名天下知”，光宗耀祖，但不意味着士子们马上就被授予官职。若要取得做官的资格，得到实际的官职，还要经过吏部的“选试”，合格的才授予官职，“选试”又称为“释褐试”，即通过“选试”合格的人，可脱去粗布衣而换上官服，离开平民队伍而进入官吏行列。此时，由礼部将及第者的材料移交吏部，再由其进行选试，谓之“关试”，因关试时间一般在春天，故又称“春关”。吏部

"关试"考试的内容为身、言、书、判四项，具体就是考查考生的体貌、言辞、书法、批审公文能力四项内容。四项皆合格，可以授予官职，谓之"注官"，然后把全体考试合格者集中起来，当众点名授职，谓之"唱官"。唐代大家柳宗元进士及第后，以博学宏词，被即刻授予"集贤殿正字"。通过了"关试"的考生一般所授官职在八九品之间，职位都不太高。如果有的考生在"选试""关试"时没有被通过或没有参加"关试"，那么他还有两条道路可走，一条就是请权贵为之推荐任某官职，二是到地方藩镇去做一段时间的幕僚，再争取被举荐。韩愈在考中进士后，三次"选试"都未通过，不得不去担任节度使的幕僚，之后才踏进官场。诗人李商隐也曾遭此挫折，他进士及第后，应吏部"选试"未过关，考了两次才得以被授予官职。

三、科举制度的改革和完善

唐朝灭亡以后，中国进入五代十国时期。战乱频繁，生灵涂炭，科举考试在各小朝廷时行时废。960 年，赵匡胤取代后周，建立北宋，很快统一了黄河、长江流域，成为中国继汉、唐以后又一个持续稳定地统治中国主要领域的王朝。

唐末五代十国是封建伦理纲常大破坏的时代。在割据篡逆的混乱中建立起来的北宋王朝，首先就是要重建封建社会的纲常名教和政治秩序。封建社会后期一直贯彻执行的文官治国原则、尊崇儒学方针和高度中央集权的专制政体，都是在北宋建立起来的。北宋王朝之所以能做到这一点，首先就是因为它恢复了科举考试制度并对其进行了一系列重大的改革，使之比唐代更加发展、完善和定型。

（一）宋代的科举改革

科举制在宋代得到充分的发展和完善，各种规章制度逐步健全，使考试取士走向法制化和规范化，最大限度地减少人为因素的干扰。同时，以“黄袍加身”夺取后周政权的宋朝开国皇帝太祖赵匡胤，深知加强皇权、排除心腹隐患对其坐稳皇帝宝座有多么重要。在科举取士方面，赵匡胤也采取了一些新的措施，使科举考试更为严密和开放，以在更广阔的范围内招揽平民中的优秀人才，巩固其政权的统治基础。因此，科举考试的公平择优原则在宋代体现得较为明显，选拔出来的人才也较为突出。

1. 三级考试制度的建立

宋代的科举，基本上沿袭唐代，有贡举(常举)、制举和武举。相比之下，宋代贡举的科目比唐代大为减少，其中进士科仍然最受重视，进士科之外，其他科目总称诸科。宋代科举，在形式和内容上都进行了重大的改革。

宋代确立了三年一次的三级考试制度。宋

初的科举，仅有两级考试，一级是各州举行的取解试，一级是礼部举行的省试，宋太祖为了选拔真正有利于封建统治而又有才干的人担任官职，为之服务，于开宝六年（973 年），增加了由皇帝主持的“殿试”，自此以后，殿试成为科举制度的最高一级的考试，并正式确立了州试、省试和殿试的三级科举考试制度，并且在宋英宗时规定每三年开科一次。殿试以后，不再经吏部考试，直接授官。宋太祖还下令，考试及第后，不准对考官称“师门”，或自称“门生”。这样，所有及第的人都成了“天子门生”。实际上，唐代科举考试也是分级进行，只是层次不如宋代清晰，所以一般都认为三级考试制度系宋代首创。这一制度后来又为元、明、清各代的科举考试所借鉴。

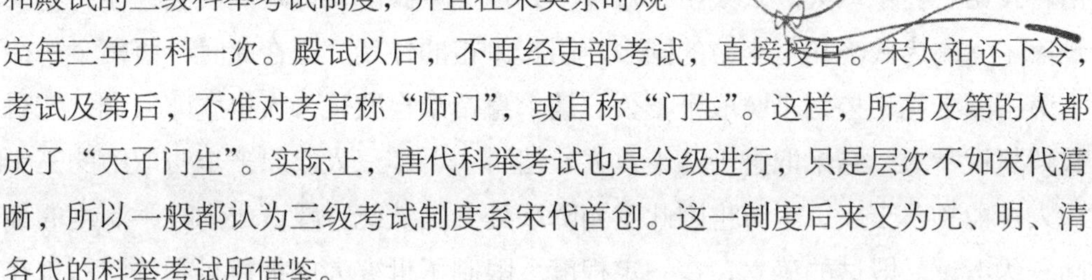

州试为最低一级的科举考试。州试前，由各县对报考士子进行考选，而后送至州。州对各县贡来的士子再进行考试，称为州试，又称解试、潜试、发解。经州试送至礼部者叫“得解”“取解”。不经州试而直接送于礼部者称“免解”。各州为保证贡士的质量，常采取“逐场去留”的淘汰法，取优汰劣，严格把关。

州试时，通常由州通判（朝廷派往各州之官，负责监督知州，并有权和知州共同处理政务）主持进士科考试。考试完毕后，考官须用朱笔批阅试卷，凡回答正确的写“通”，答错的批“不”。考官最后还须在试卷末尾签署姓名，以示负责。凡取中的考生名单及其试卷都要在秋天呈报礼部，并于冬季集中到京城尚书省礼部，这些考生被称为“举子”“贡生”。之后他们须将自己的家世、年龄、籍贯、参加科考的次数等如实写明，呈交礼部。并要十人担保，如果发现有人弄虚作假或者违反科举的规定，考生本人就会被取消考试资格。担保的十个人也会受到处分。

省试是指比州试高一级的考试，各州考试合格者再赴礼部参加考试，礼部属于尚书省，所以称为“省试”。宋代规定，除四川外，其他各州、司都应参加省试。四川的考生另由安抚制置司进行考试，这种考试级别相当于省试，所以又称为类省试。类省试合格者可以直接参加殿试。省试一般在春天举行，主持省试的官员往往由六部尚书、翰林学士出任，被称为知贡举，其副职称为同知贡举。

考试完毕，监考官、阅卷官进行评卷。评卷分初阅、复阅两次。成绩合格者，由尚书省张榜公布，第一名称“省元”。落第者可以申请复试一次(南宋时为防舞弊，常对权贵之亲属、子弟考试合格者加以复试)。

殿试又名廷试或御试，即皇帝亲行考问或另派大员在殿廷复试，以甄别升降。殿试源于唐武则天载初元年（690年），武后在洛城殿前亲自策问贡士，但并未形成定制。宋太祖开宝六年（973年），翰林学士李昉知贡举，录取进士及诸科及第者三十八人。宋太祖召对时，发现进士武济川等对问失次，便将他们黜落了。因为武济川是李昉的同乡，引起太祖的怀疑。正在此时，落第举子徐士廉击鼓求见，控告李昉取士不公，请求皇帝亲自殿试，太祖立即采纳，在讲武殿复试举人，结果取进士二十六人、诸科一百零三人。原来李昉取中的三十八人中被黜落十人，李昉也因此受到降职处分。从此，殿试成为科举制度的最高一级考试。殿试的确立，在一定程度上限制了世家大族把持科举选士；也在一定程度上减少了座主、门生结为朋党的弊端；同时，强化了君主选才用人之权。州县发解试第一名自唐以来即称“解元”，中央省试第一名宋代遂称“省元”，殿试第一名称“状元”。“连中三元”遂成为科举时代读书人梦寐以求的最高愿望。

殿试开始实行时皆有黜落，就是说，许多省试合格的举子。殿试时却名落孙山，几年的辛苦顿时成为泡影，这使落第举子十分伤心，一股怨恨和恼怒之情油然而生，更有些举子为参加殿试变卖了所有家产，一旦落第便无颜回家见父老。于是，京师每次殿试一结束，就有落第举子聚众鼓噪，或投河自尽。甚至有人铤而走险，反叛朝廷。如宋仁宗时，有个叫张元的举子，多次参加殿试均不第，气愤之余投奔西夏，为西夏统治者出谋划策，骚扰大宋边境，使得宋室不得安宁。大臣们议论其祸因，归咎于殿试黜落之制，于是宋仁宗在嘉祐二年（1057年）下诏“进士殿试，皆不黜落”。从此，省试合格之后，殿试时就只有名次之差而没有被黜落的了。

宋代，殿试后有等甲之分。宋太宗太平兴国八年（983年），将进士分为三甲。宋真宗景德四年（1007年），又将进士分为五等

(学识优长，词理精纯为第一；才思赅通，文理周率为第二；文理俱通为第三；文理中平为第四；文理疏浅为第五等)。一、二等称进士及第，三等称进士出身，四、五等称同进士出身。北宋殿试前三名均称“状元”（南宋时称第一名为“状元”、第二名为“榜眼”，第三名为“探花”)。殿试后皇帝钦赐新科进士在琼林苑享用宴席，称“琼林宴”。这种赐宴制度还为元、明、清所沿用。取中进士第一名者，由朝廷出仪仗作前导，衣锦荣归，前呼后拥，光耀非凡。

2. 科举内容的改革

宋初，考试场数不定，有考三十场、十五场的，还有考七场的。宋仁宗庆历四年（1044年)，范仲淹改革科举考试，定为三场，先策，次论，再诗赋。至宋神宗熙宁四年（1071年）时，王安石推行科举考试新法，废除明经诸科，增加进士名额。进士科不再考诗赋、帖经、墨义，而以考经义、论、时务策为主（所谓经义，与论相似，是篇短文，只限于用经书中的语句作题目，并用经书中的意思去发挥)。把《诗经》《尚书》《周礼》编成《三经新义》，作为经义考试的依据。并把《易官义》《诗经》《书经》《周礼》《礼记》称为大经，《论语》《孟子》称为兼经，定为应考士子的必读书。并规定考试分四场，第一场试本经，第二场试兼经，第三场试论一首，第四场试时务策三道。后来随着政治斗争的变化，考三场、考四场不断更替，考试内容也不断变化。神宗以后，时而诗赋与经义并试，时而又罢诗赋，专用经义取士，变化不定。

3. 弥封和誊录

宋代的科举考试，对阅卷实行弥封和誊录制度。所谓弥封，就是将试卷上的考生姓名、籍贯、家世等记录文字封贴起来，在弥封处加盖礼部压缝墨印，因此弥封又叫做“糊名”。糊名之法最早始于唐代，武则天时，因吏部选举多有不实，便命令应试举人将试卷上的名字糊起来。但是当时并未形成一种制度。宋太宗淳化三年（992年）殿试进士时，根据陈靖的建议，实行糊名弥封；宋真宗景德四年（1007年）省试也实行弥封；宋仁宗明道二年（1033年）诏令诸州发解试也都实行弥封。在实行弥封制不久，又发现考官指使举人在试卷上暗

做记号，有时考官还可以辨认字。因此，又实行了誊录制度，即派书吏将考生的试卷抄录成副本，考官阅卷时只看副本而看不到原本。这就有效地限制了考官的徇私舞弊行为，后来又设立了专门负责抄录考生试卷的誊录院。

弥封和誊录法的实行，使贵族官僚子弟和平民子弟得以被同等对待，贵族、官僚利用科举世袭的特权被取消了。事实证明，弥封、誊录法是中国封建社会中行之有效的考试方法之一，它对选拔人才曾经发挥过积极的作用。但是，到了北宋后期，特别是南宋以后，由于王朝的腐朽，科场舞弊层出不穷，糊名、誊录也就流于形式了。

4. 制举、词科和武举

宋代科举考试除了进士科以外。主要还有制举、词科和武举。

宋代的制举取士，始于宋太祖乾德二年（964 年），当年正月，宋太祖鉴于前朝(后周)世宗所设三科(贤良方正能直言极谏、经学优深可为师法、详闲吏理达于教化)无人应考，下诏令重设此三科取士，但依然无人敢来应考，太宗时曾举行过制举考试，内容为诗赋、策、论等。宋真宗景德二年（1005 年），将制举三科扩大为六科。宋仁宗天圣七年（1029 年），又将六科扩为九科，以收录贤才，神宗即位以后，任用王安石为宰相，实行变法。单设进士一科，废除制举。之后，制举在北宋时而废止，时而实行。南宋高宗绍兴元年（1131 年），恢复制举。因此南宋一朝百余年间，制举未被废除。

词科是宋代取士科目中专为朝廷选拔代言人才的科目，是宏词、词学兼茂和博学宏词三科的通称，于宋徽宗初年开始设置。词科考试最初是每年春季在国子监举行，宋徽宗宣和五年（1123 年）规定，以后每三年开科考试一次。合格者由三省送交宰相决定录取与否。北宋王朝规定，只允许有出身的人参加词科考试，所谓“有出身”是指中过进士，以及通过太学上舍考试者。南宋时一度放宽限制，有无出身都可报考。但到南宋末年，宋理宗（1225—1264）又重新规定，必须有出身的人才可报考。词科的地位较制科低，但因为考生原来都有出身，一旦录取，其官职便可得到升迁，这对许多在职官员有很大的吸引力。南

宋著名学者洪迈、吕祖谦等都曾考中词科。

宋代武举科，始于仁宗。宋仁宗天圣八年（1030年），亲试武举十二人，先试骑射，然后试策。武举考试分三级：解试，省试和殿试。解试是各地区武举人的一种考试，考试分为弓马和兵书，一般录取七十一人左右。省试又称兵部试，由兵部主持。测验应举者的骑射、弓马水平，测验完毕定出上中下三等，再考试墨义与策问。殿试是第三级的考试，皇帝亲自阅观武举人的弓马武艺，但注重策问，例如问武举人对财务、兵法、阵法、军屯等的看法，大多也是一种纸上谈兵。因此武举并不被人重视。直至南宋宋孝宗乾道五年（1169年），武举殿试之后，才和文举一样赐给黄牒，同正奏名三十三人，第一名赐武举及第，其余并赐武举出身。值得注意的是，宋代的不少武举出身者往往不在军事部门工作，而转求文科出身，这是宋代扬文抑武的结果。

5. 三舍法

宋初，朝廷只有一所学校即国子监。专教京官七品以上的子弟，分习五经，国子监学生称为监生。但由于这些官僚子弟待遇丰厚，并不认真读书，目的只是以此为阶梯，享受保送省试的权利。为了更好地培养人才，朝廷设立了太学，限八品以下官吏的子弟和平民中的优秀者入学。宋神宗即位后，非常重视儒学和太学教育，于是接受了王安石的建议，诏令太学实行三舍法。

三舍法规定，太学生初入为外舍生，学额不限，春秋两次考试，优秀者升为内舍生，定员三百人，经考核再升为上舍生，定员一百人。上舍生经考查、保荐不必参加科举考试直接授官。宋哲宗即位之初，高太后听政，三舍法被废除。哲宗亲政后，又恢复了三舍法。宋徽宗时三舍法又被废除，贡举得到了全面恢复，但太学依然实行三舍法考试。从此，宋代两种考试制度并存：一是贡举制，二是太学三舍法考试制。它们互相补充，为朝廷培养了一批又一批的官吏。

（二）辽、金、元科举制度

辽、金、元三个朝代都曾采用科举选士之法，却又各具特色，虽然都从狭隘的民族利益出发，在实行科举制度过程中表现出不同程度的民族歧视，但他

们结合自身统治的需要，在科举程序、贡院规制和考试内容等方面发展了唐宋科举制度，既形成了有少数民族特色的科举制度，也为明、清两代进一步完善科举取士制度提供了借鉴。

1. 辽代科举

辽代前期，随着政治经济的发展、各项封建制度的确立，以选拔人才为主要目的的科举考试制度便也出现。早在辽太宗会同初年（938—946）就尝试过贡举选士。但并未制度化。直到辽圣宗统和六年（988）下诏实行贡举考试，才标志着辽代科举考试制度的完善。

辽代科举考试最早分为乡试、府试、省试三级，后来又增加御试，实际上是四级考试。开科考试时间，初不固定，辽圣宗时大致每年一考，自辽兴宗以后约为每三年一次。考试科目内容比唐、宋简单，辽圣宗时分词赋、法律两种，以后又有所变动，分诗赋、经义。诗赋即为进士科，经义为明经科。此外，还有茂才、学究等科目，以进士和明经两科为常科，其他为特科。考生考中后，根据成绩分甲、乙、丙三等，或称甲、乙、丙三科，其录取名额有具体规定。一般情况下，取甲科五人、乙科六人、丙科二人。决出名次后，由皇帝赐“等甲”及赐“章服”，予以褒奖。这两项活动充分显示皇帝的恩宠，故皆有隆重仪式，中选者可享受一般人难以企望的殊荣，这使得社会风气由崇武趋于尚文，参加科举考试的士人日渐增多。

辽代的科举选士对象主要是汉人（包括渤海人），以此来安抚笼络汉族知识分子，进而达到以汉人对广大汉族居住区域实行文治的目的，这是辽统治者的开明之处。然而它又有狭隘的民族自我限定性，为使契丹人保持骁勇善战的民族传统，使其牢握兵权，永远居于统治地位，并不断开拓疆土，辽统治者限制、禁止契丹人参加科举。辽代到后期，才逐渐放宽这一限制，允许一些契丹族的知识分子通过科举进入仕途。

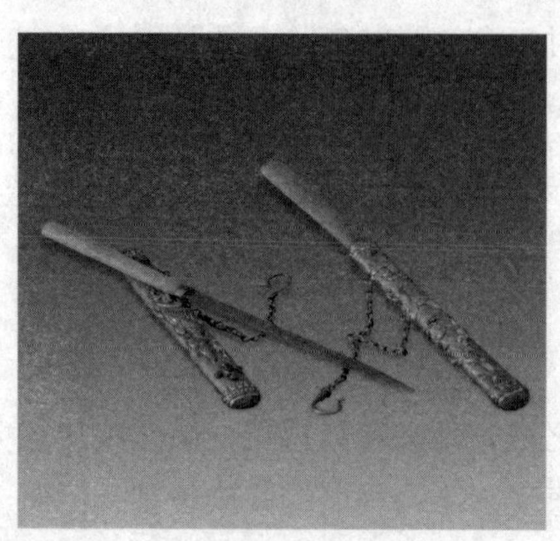

尽管辽代实行科举考试制度的时间不长，实行的范围不如唐宋各朝，其考试管理水平也不是很高。但是，不可否认，科举选士之法的使用及其对儒家文化的传播，使辽代政权结构逐渐由武治变为文治，促进了北

方社会文化教育事业的发展，加速了其封建化进程。科举制度，成为辽统治者与汉人地主阶级之间的一道桥梁，促进了各族的融合，并为金代科举选士事业的发展提供了借鉴。

2. 金代的南北选与女真进士科

金代的科举继承辽代原有科举制度，并兼采唐宋两代科举制度，又结合女真民族的利益和特点，形成了风格独特的科举考试制度。金太宗天会元年(1123年)，为安抚汉族士人，正式开科设举。这一时期的科举考试，没有规定考试的具体时间和录取的人数。北宋灭亡之后，金统治者鉴于所占领的辽和北宋地域有别，制度不同，人所习之学问亦有区别，于天会五年（1127年）下诏，允许根据南北士人所习之业分别考试、录取，称为“南北选”。所谓“南选”，即对新归附的原属宋室控制的黄河流域中原地区的士人所开设的科举；“北选”，即对辽金统治的北方区域所开设的科举。海陵王完颜亮（1149—1161年在位）时，废除“南北选”，对科举考试作了调整，规定每三年举行一次，命题范围以五经三史的正文为限，科目有词赋、经义、策论、律科、经童及临时的制举等。其中，由考词赋、经义、策论中选者称进士；由考律科、经童中选者称举人。

金代的科举，不仅具有笼络汉族知识分子职能，而且也兼具培养和造就女真族知识分子的责任。为此还专门设立“女真进士科”，该科创于金世宗大定十一年（1171年），专为女真族子弟入仕所设，并单有一套比汉人容易的考卷及录取规则。女真进士科重在考试策论，用女真文字，其中选者称作“女真进士”或“策论进士”。辽代曾以不许契丹人参加科举来保留其种族“优势”，而金代却与辽大相径庭。如果说金初的“南北选”具有重北轻南倾向的话，那么女真进士科的设立便是公然宣称女真人在科举选士方面有特权。

金代的科举考试与辽相同，为四试之制（乡试、府试、会试、御试），春三月二十日乡试，秋八月二十日府试，次年正月二十日会试，三月十二日御试。乡试于各县署举行，县令兼考官，主要考词赋和经义；考中第一名者称“乡元”(或解元)；府试在大兴、大定、大同、开封、东平、京兆、辽阳、平阳、益都、

太原等十处府署举行，由中央派官主考，考中第一名者称“府元”；会试在国都燕京（今北京）举行。会试第一名称“状元”，依成绩分作上、中、下三甲。会试之名始于金代，为元、明、清三代所沿用。御试在皇宫内举行，没有淘汰，考试完毕即排定名次，依次授官。

金朝统治者对科举的重视，加速了其汉化、封建化的进程。金朝科举考试范围广及经、史、百家之言，拓宽了士人的知识面。其考词赋无需严守格限，考经义没有帖经、墨义等，这给唐末以来沉闷、呆板的科举带来一缕清风。

3. 元代的左右榜

元代科举制度与辽、金是一脉相承的。在吸收汉族政权科举制度优点的同时，又注重前代辽、金少数民族政权施行科举制的经验和教训。

元朝初年，居于统治地位的蒙古贵族可以依靠世袭、奏补等特权和荐举得到相应的官职，所以非但不重视科举，反而歧视中原传统文化、歧视以儒家为代表的知识分子。随着各项规制的履行，政权建设急需完善，思想控制的任务须要加强，单纯由蒙古人出仕的官员已无法适应这些新的形势需要，选拔一批素质较高的知识分子充实官吏队伍便成为当务之急。元仁宗皇庆二年（1313年），朝廷制定出科举考试的各项制度和章程，延祐元年（1314年）正式实行科举取士。

元代科举每三年一次，分乡试、会试、殿试三级。乡试，即唐、宋时的乡解试。蒙古人、色目人只试经义、对策两场；汉人加试一场，为赋与杂文各一篇。乡试由各行中书省（中书省派驻地方的执行机构）主持，一般在八月下旬。全国乡试取中三百人，蒙古人、色目人、汉人、南人各取七十五人。乡试取中者，再到礼部参加会试。会试于次年二月初举行，内容跟乡试的一样，取进士百名，蒙古人、色目人、汉人、南人各占二十五名。殿试在同年三月举行，试策一道，但蒙古人、色目人的题目与汉人、南人的不同。殿试不黜落，只定名次。

殿试结果分左、右两榜公布，称之为“左右榜”。蒙古人、色目人五十名列右榜(元代以右为尊)，汉人、南人五十名列左榜。这无疑是

金代科举“南北选”和女真进士科办法的延续，其目的是保护蒙古人、色目人的特权。

元代科举考试体现了严重的重蒙轻汉的民族歧视政策。对蒙古、色目考生多方优待，对汉人、南人考生却严加限制。左右两榜数量名义上相等，而汉人、南人的总数却不知比蒙古人、色目人超出多少倍。元代科举就其每届取士总数而论，比宋、金都少得多。元代乡试中选的举人仅三百人，而宋、金每届录取的进士就达四五百人；元代从举人中录取的进士仅一百人，再去掉右榜五十名，落到汉人、南人头上的简直少得可怜。而且就是这区区百名进士，实际上几乎从未取足额。从元仁宗延祐二年（1315年）到元朝灭亡的五十二年间，共举行十六届科举，仅元顺帝元统元年（1333年）一届取足百名进士，其余十五届均有空缺。元代科举名额经常空缺的原因，并不是汉人、南人缺乏合格的人选；只是因为蒙古人、色目人考生中实在难以选满一百五十个乡试名额及五十个进士名额，于是便让汉人、南人的乡试、会试空缺同样的名额，以维持四等人人选数量的均衡，防止汉人、南人占有科举优势。蒙古、色目考生的试题难度低，考试也少一场，被授予的官职却比汉人、南人的高，而且蒙古、色目考生愿试汉人、南人科目的，中选者还加一等授官。

汉人、南人即使中进士入官之后，其政治前途也极为有限，例如元顺帝至正八年（1348年），王宗哲在乡试、会试、殿试皆名列第一，成为元代唯一“连中三元”的进士，这种人在宋代没有不迅速飞黄腾达登上首辅大臣之位的，然而王宗哲在元代官场中却碌碌不见称道，《元史》中连他的传记都没有。

（三）程朱理学在科举中地位的确立

元代科举的规模与地位虽远不能同两宋相比，它对于中国封建社会后期的学术文化的影响却是深远的。元代首先把新儒学—程朱理学定为科举取士的标准，从而最终确立了程朱理学在中国封建社会后期的思想、政治领域的统治地位。

理学在中国古代又称义理之学或道学，其创始人为北宋的周敦颐、邵雍及

张载。之后由程颢和程颐等人继续发展，最终由南宋朱熹集其大成，因此理学常被称为“程朱理学”，但在两宋大部分时间它并不是统治哲学，到南宋末年宋理宗时，“四书”（《大学》《中庸》《论语》《孟子》）才被立为官学。至金、宋之末，南北士大夫基本上理学化了。由金宋入元的名儒窦默、赵复、姚枢、许衡、吴澄等人，都是理学大师，他们侍奉在元世祖忽必烈左右，给他以很大影响。到元仁宗时，他也同样受程朱之学的熏陶。因此，元代科举恢复，理学很自然地被定为“一尊”，成为国家的统治思想。

元代科举第一场蒙古人、色目人考经问五条，汉人、南人考明经经疑二问，都从朱熹所列定的“四书”中出题，规定考生必须遵循朱熹《章句集注》的注疏。

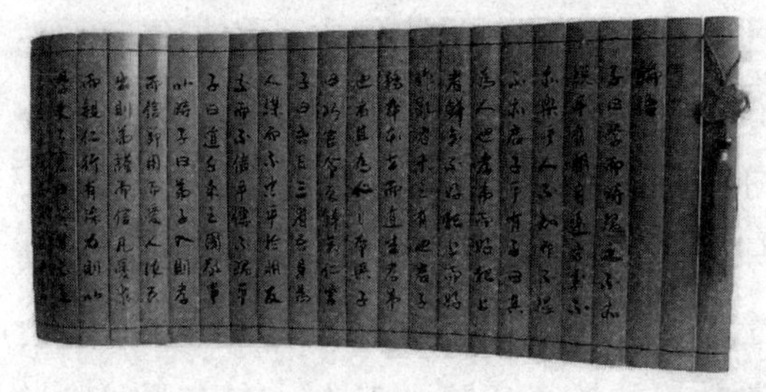

元代科举定程朱为“一尊”的改革，为明、清两朝所承袭，其严密、僵死愈加严重，在六百年之久的漫长过程中，对后期封建社会的文化产生不可估量的但又主要是消极的深远影响。

四、科举制度的鼎盛和终结

元朝灭亡后，明王朝建立，科举制进入了它的鼎盛时期。发展至清朝，形成一个层次、等级、条规名目繁多，且苛刻严格的体系。明洪武十七年(1384 年)，颁布《科举成式》，基本制定了明代以后二百五十多年的科举成文法规。清兵于顺治元年（1644 年）入关，顺治三年（1646 年）举行首次科举，大体照搬明代成例。此后二百五十多年间也无大的变化，明、清科举一脉相承，延续达五百多年。

（一）科举制度的鼎盛

明、清两代进一步地完善和发展了科举制度，使其高度定型化、程式化，最终达到鼎盛时期，并且完全成为取士之正途。宋代确立了三级科举考试制度，而明、清科举考试有童试、院试、乡试、会试、殿试等五级。

1. 明、清时期的童试、院试、乡试、会试、殿试

童试：它是明、清两代最初级的地方县、府考试，也叫小考或小试。它是取得生员资格的入学考试，也可以看做是科举前的预备性考试。包括县、府两次考试，县试多在二月举行，府试多在四月份举行，通过者称为童生（凡未取得秀才资格的，不论年长年幼一律称童生)。但很多读书人，像《儒林外史》所描绘的周进、范进一样，考到须发皆白仍是一介童生，因为他们一直通不过竞争更激烈的“院试”。

院试：是国家科举考试的最初一级，在府城或直属省的州治所举行。院试之制正式确立是在明英宗正统元年（1436 年）。当时，朝廷专设负责省级考选和教育的官员“提调学校官”。该职在南京、北京两京称为“学院”，因而称学

院主持的考试为“院试”，并推及各省。各省主持学政的称“提学道”，简称“学道”，后统称学政、学台、宗师，任期为三年。在任期间要依次到所管辖的各府、直隶州主持院试。学政亲临考场，叫做“案临”。《儒林外史》中常有“某年宗师案临”之说，就是指学政主持院试。

院试包括岁试和科试两种考试。岁试的基本任务有二：一是从童生中选出秀才，二是对原有的生员（即秀才）进行甄别考试，按照成绩优劣分别给予奖惩。《儒林外史》第三回说周学道“先考了两场生员。第三场是南海、番禺两县童生”。这前两场便是甄别秀才的考试，后一场则是从童生中考取秀才。童生通过岁试，录取后称为生员（第一名叫案首），俗称秀才或相公。只要考取生员，就算是“进学”了，即成为国家的学生，同时脱离平民阶层，成为“士”了。清顺治九年（1652年）发布的“训士规条”规定，生员享受免丁粮（免役税）、食廪（国家供给衣食）、政治司法特权（官员对生员要以礼相待，生员见官不必下跪，生员犯法地方官须先报才能处理，不得像对一般百姓一样施用刑罚）。这三大特权是很吸引人的。因此，一般的人家无不竭力培养子弟读书，不求中举人、进士，至少也指望家门出个秀才。《儒林外史》第三回写到范进中秀才以后，他的老丈人胡屠户吩咐他说：“你如今中了相公，凡事要立起个体统来……若是家门口这些做田的，扒粪的，不过是平头百姓。你若同他们拱手作揖、平起平坐，就是坏了学校规矩，连我脸上都无光了。”

乡试：又称为“大比”，是在两京（南京和北京）及各省省城举行的考试。每三年一次，逢子、午、卯、酉年举行，又叫“乡闱”。考期多在秋季八月，所以又称“秋闱”。凡本省科举生员与监生均可应考。乡试的正副主考官一般由皇帝任命在京的翰林及进士出身的部院官充任。考试分三场，分别在八月初九日、十二日和十五日。考试有正规的考场，叫做贡院。贡院内建有一排排的号房，为考生住宿、答题之所。

乡试考中的称举人，俗称孝廉，第一名称

解元，第二名至第十名称亚元。唐寅乡试第一，故称唐解元。乡试榜，明、清时称为“乙榜”，也称“乙科”，同时乡试发榜之时在九月，正值桂花飘香，所以又称乡试榜为“桂榜”。考中了举人，不仅可以参加全国性的会试，就是会试未能取中，也具备了做官的资格。可以说乡试是明、清两代士子参加科举最重要的也是最艰巨的一关。在清朝，除了按正常规制举行的乡试外，每逢遇到皇帝万寿（生日）、登基等庆典时，还额外有加科乡试，叫做恩科。

明、清乡试录取举人名额均由中央规定下达，各省按人口、物产、财赋多少分别为数十名到一百数十名不等，全国录取总额为1000—1300人。清代人口大大超过明代，但录取名额只略超过明代。

会试：是由礼部主持的全国考试，又称“礼闱”。在乡试的第二年（即丑、辰、未、戌年）的二月举行，故又称“春闱”。地点在京城的贡院。会试也分三场，分别在二月初九、十二、十五日举行。由于会试是较高一级的考试，因此主副考以及提调等官，都由较高级的官员担任。在明朝主考官多以翰林官充当，明末又多以内阁大学士担任。清朝时称主考官为大总裁，由内阁大学士或六部尚书充任。

会试被录取的人，称为贡士，俗称出贡，别称明经，第一名叫会元。会试发榜时，往往正值杏花开放，所以又称为“杏榜”。清朝新录取的贡士，在殿试之前，往往还需进行一次复试。复试结果，按成绩分为一、二、三等，这个等级对于以后授予官职有重要关系。

会试发榜后，皇帝赐“恩荣宴”于礼部，招待新贡士及诸位考官。明、清会试“正榜”以外一般还有“副榜”，录入副榜的举人虽不算贡士，但可被授予学校教官或其他较低级官职，或吸收入国子监为“监生”，获得国家一定的俸禄，而监生也不一定真的留在京师学习。

殿试：这是明、清科举的最后一级考试。明代殿试考场设在奉大殿或文华殿。清初在天安门外，后来改在太和殿的东西石阶下。乾隆以后改在保和殿。殿试的时间，明初规定是在会试当年的三月初一，从明宪宗成化八年（1472

年）起，改为三月十五日。乾隆以后，殿试大都固定在四月二十一日举行。

殿试名义上由皇帝亲自主持。此外还要任命阅卷大臣、读卷大臣，协助皇帝评阅试卷。明、清两朝都只考策问一场。殿试结束后，次日读卷，第三日放榜。

明、清殿试结果亦按宋朝之制，一律不黜落，只排名次。录取分三甲：一甲三名，赐进士及第，第一名称状元、鼎元，第二名称榜眼，第三名称探花，合称三鼎甲。二甲赐进士出身，三甲赐同进士出身。二、三甲第一名皆称传胪。一、二、三甲通称进士。进士榜称“甲榜”，或称“甲科”。进士榜用黄纸书写，故叫黄甲，也称金榜，中进士称金榜题名。

此后，进入封官任用阶段。一甲的三名进士在殿试后立即授官职。一般是状元授翰林院修撰，榜眼、探花授翰林院编修。其余进士往往还要进行一次考试，清朝称为“馆选”或“朝考”，然后结合殿试名次，分别授予官职，优者也可进入翰林院。明代入翰林院的进士任“庶吉士”（即处理日常政务之官）。自明朝英宗起，逐渐形成“非进士不入翰林，非翰林不入内阁”的惯例。明代宰辅大臣一百七十余人，翰林庶吉士出身者占十分之九。清承明制，亦特重翰林，甚至连他们谒见交往用的名片字都写得特别大。明、清两代凡是通过乙榜中举人，再通过甲榜中进士而做官的人，叫做“两榜出身”或“科甲出身”。是最正牌、最响亮的资格；如果单是举人出身，虽也能候选授官，但品级既低，候选亦难。

2. 贡生和监生

明、清以前，学校只是为科举输送考生的途径之一。而明、清两代都实行“科举必由学校”之制。参加科考的士人，必须是官办学校的生员；地方学校的优秀生员，可被选送到京师国子监读书，称为贡生。国子监生员可直接选授官职。特别是明初，国子监生员作为官员来源，其人数甚至一度超过科举，但随着科举制度的发展，监生直接做官的机会越来越少，国子监也渐渐跟各地方学校一样，成为科举预备场所。国子监生员也要通过会试取得进士身

份，才可望有大的政治前途。但终明、清之世，监生一直有被选授官职的可能。所以，一般生员入国子监的积极性很高，明、清时被选入国子监的生员主要有以下几种：

岁贡：地方学校按年向国子监“贡送”数名生员。开始数量不定，明孝宗（1488—1505）、世宗（1522—1566）时规定县学每年贡送一人，府学每年贡送两人，州学每两年贡送三人，以后遂为定制。清初沿用明制。行之既久，地方学校常将生员论资排辈按年贡出，俗称“挨贡”，实际上是对那些久不中举人的老资格生员的照顾。“挨贡”一般至少要十年。

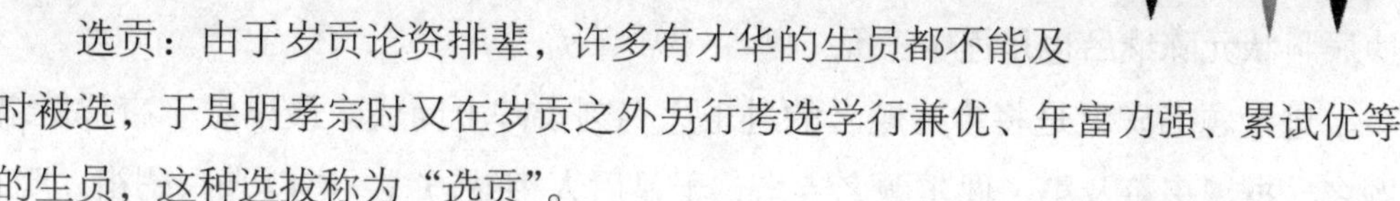

选贡：由于岁贡论资排辈，许多有才华的生员都不能及时被选，于是明孝宗时又在岁贡之外另行考选学行兼优、年富力强、累试优等的生员，这种选拔称为“选贡”。

优贡：清代时设置，相当于明代的选贡。每三年一次，由学政从生员中考选优秀的人入国子监学习，称为优员。但学政考取后，还要到京城进行廷试，合格后方予认可。

副贡：在各省乡试中未能考中举人但成绩较优异者，另录入“副榜”。选取副榜生员入贡国子监，称“副贡”。

恩贡：国家遇有庆典或皇帝登基、诞辰时增加名额，称为“恩贡”。

明、清时代入国子监学习的，通称监生。监生大体有以下几种：以举人身份入国子监读书的称为“举监”，生员入国子监读书的称贡监，官僚子弟入监的称荫监，捐资入监的称例监。皇帝恩赐入监的称为“恩监”，多为文武官员为国死难者的子弟。

3. 鹿鸣宴、琼林宴

明、清科举中，乡试中举者，省总督、巡抚要礼请他们赴“鹿鸣宴”。会试、殿试后，礼部要礼请全部中试进士赴“琼林宴”。所谓“鹿鸣宴”，始于唐代，当时乡贡考试后，州县长官要宴请中举者，宴会上要歌《诗·小雅·鹿鸣》，因而得名。明、清时期也沿用之，歌《鹿鸣》，跳魁星舞。起初菜肴丰盛，后渐至只有清酒一杯，徒具形式而已。

“琼林宴”源于宋代，宋徽宗政和二年（1112 年）前，每科新进士都要被邀请到琼林苑（汴京城西的名苑）赴宴，元代以后虽不再在琼林苑设宴，但一直习惯地把宴请新科进士之宴称为“琼林宴”。

4. 连中三元、进士题名碑

中国古代科举考试中乡试中解元，会试中会元，殿试中状元，一身兼有解元、会元、状元的，称为“连中三元”。这是人生金榜题名中的最高境界，是每一位读书人的梦想，但这种机遇太少了。明、清两代一共产生过二百位状元，明代八十八位，清代一百一十二位，仅有三位是“连中三元”的幸运儿。他们是：明正统十年（1445 年）乙丑科状元商辂，浙江淳安人。清乾隆四十六年（1781 年）辛丑科状元钱词棨，江南（江苏）人。清嘉庆二十五年（1820 年）庚辰科状元陈继吕也是连中三元。

进士题名碑就是将金榜题名的进士之名刻于碑上而成。最早见于唐代雁塔题名，据说韦肇及第，偶尔题名寺塔，于是后人相继仿效，借以光宗耀祖。明、清两代每科都要刻“进士题名碑”，立于北京国子监内，至今仍完好地保留着。在洁白如玉的石碑上，人们会找到一个又一个熟悉的名字，如林则徐、曾国藩、李鸿章、翁同龢、康有为等。清光绪三十年最后一科的进士题名碑上，第二甲进士名刻有“沈钧儒，浙江秀水人”字样（沈钧儒先生是著名的爱国人士，新中国成立后曾任最高人民法院院长、人大常委会副委员长等职）。

5. 南北榜案与南北取士

明初，会试取士，不分南北。明洪武三十年（1397 年）春会试，以翰林学士刘三吾、白信蹈为考试官，取录五十一名，是为春榜。因所录五十一名全系

南方人，故又称南榜。北方举人全部落选为历科所不见。这引起北方举人的强烈不满，因此联名上疏指责主考官刘三吾包庇南方人。明太祖朱元璋命人于落第试卷中再择卷复阅，增录北方人入仕。但经复阅后上呈的试卷文理不佳，并有犯禁忌之语。结果认为刘三吾并未舞弊违法，原榜维持不变。北方举人不服，上告说刘三吾、白信蹈等人故意以陋卷进呈，肆行欺骗。朱元璋大怒，对考试官严加治罪，处死白信蹈等人，刘三吾时年

已85岁，以年老免死，革职充军。六月，朱元璋亲自策问，取录六十一名，是为夏榜。因所录六十一人全系北方人，故又称北榜。因此，历史上把这次充满血腥的科举考试事件称为“南北榜”案，又称“春夏榜”之争。此事件开明朝分南北取士之先例，明仁宗洪熙元年（1425年）制定了南北录取名额，南人占五分之三，北人占五分之二。以后，虽然比例有一些变化，但“分地而取”的原则却没有改变。清代承袭明制，始终执行南北分省取进士的办法。

6. 八股文

提到明、清科举，一般人最熟悉的就是八股文，但与历史上的诗、赋、论等科举文体比较，人们最不熟悉的也是八股文。今天很少有人读过八股文原作。因为八股文的唯一用途就是考科举，此外绝无其他实用价值。但八股文在明、清时是非常重要的，它关系到一个人能不能科举考试中进士升官。所以当时有小说说道：“当今天子重文章，足下何须讲汉唐。”“汉”是指汉代的文章，“唐”指的是唐诗，汉代的文章也好，唐代的诗歌也好，都不如当今皇帝所看重的八股文，由此可以看出八股文在当时是非常重要的。所以当时的人们都一门心思地扑在八股文上，只有八股文章才能敲开科举考试的大门。

八股文，是明、清两代专门用于科举考试的一种特殊文体，称为制义，又称制艺、时文、八比文。这种文体，专取“四书”及《易》《书》《诗》《春秋》《礼记》“五经”命题，并且以朱熹的注释为标准。由于题目的来源不同，分别被称为“四书”文和“五经”文。八股文到底起于何时，尚无定论。《明史》说是朱元璋和刘基订立的，顾炎武则说始于明代成化年间（1465—1487），还有人认为起源于北宋。总之八股文的确不是一种故意创立的文体，其形成过程很长，大约定型于明代中叶。

八股文有固定的格式，每篇由“破题”“承题”“起讲”“入手”“起股”“中股”“后股”“束股”八个固定段落组成。“破题”，规定用两句点明题意，“破题”的基础是“认题”，即理解题意。承题是进一步阐明破题的意旨，起到

补充阐发主题的作用。“起讲”又称“小讲”“原起”，必须紧扣程朱的集注等内容，模仿以古人的语气，代圣贤立言。“入手”又称“入题”“领上”“领题”“落题”“提笔”，用三、四句引入本题。

入手之后就是文章的主要部分了，包括起股、中股、后股和束股四个部分。这四个部分中各有两股，两股的文字繁简，声调缓急，都要对仗成文，合称八股，八股文的名称就是由此而来的。

“起股”又称“起比”“提比”“提股”“前股”“起二比”等。用四、五句或七、八句排比文字开始发表议论，要提起全篇的气势。起股以后用一、二或三、四句将全题点出，称为“出题”，“出题”之后是“中股”。“中股”又称“中比”“中二比”，字数多少没规定，可以比起股略长，也可以比起股略短，它是全篇文字的重心，要充分展开议论，将题目的主旨说透。如果出题未将全题点出，中股之后仍应用出题将全题点出，如出题已将全题点出，则这里就不必再出题了。“后股”又称“后比”“后二比”“后二大比”，句式长短不固定，一般是中股长则后股短，中股短则后股长。这一股要将中股所没有完全阐发出来的意思说明白，是全篇文字中最重要的部分。清代曾一度把中、后股合一，叫做“大股”，使八股简化为六股，这样，评判文章优劣，主要看大股。“束股”又称“束比”“束二小比”。用来阐发前文所没有阐发完全的意思，呼应前文揭示全篇主旨。束股可以放在起股或中股之后，也可以省略。

八股文除在格式方面有严格规定外，在字数方面也有限制，明洪武三年（1370年）规定“四书”义限300字，“五经”义限500字：明洪武十七年（1384年）又规定“四书”每道200字以上，“五经”每道300字以上，都没有规定上限。清初，头场限550字，清康熙二十年（1681年）增加了一百多字。乾隆之后，都限制在700字内。

八股文的题目出自“四书”，而“四书”全文不过几万字，明、清科举考了几百年，凡属完整的章、节、句无不反复考尽，于是考官挖空心思，将完整的句子截头去尾地出作题目，或将几句互不相连、内容无关

的话捏在一起出题，谓之“搭截题”。这都是内容狭隘的考试长期持续的必然结果。

八股文是中国封建社会趋于没落时期的产物，虽然对于考生写作能力和逻辑思维能力等方面的考查较之其他形式要更加有利，使科举考试更加规范化，但它带来的更多是消极作用，不仅对明、清两代的文风产生了极坏的影响，而且也对全国各级各类学校教育、学术研究等产生了很坏的影响，导致了学校教育的空疏，实学的被忽视，学术研究日益衰微。更重要的是，它是为统治阶级推行文化专制主义服务的工具。它使人民的思想僵化，严重窒息人民的创造精神，对桎梏人民的思想维护封建统治起了暴力镇压所不能起的作用。

7. 文字狱

文字狱根源是“为尊者讳”。就是提到尊贵的，有权势之人，你就不能直呼其名了，你就得避讳。后来甚至发展到对同音字的限制，也就是与尊贵有权势的人姓名同音的字，普通老百姓也得用其他同义字来代替。其中有名的比如东汉的刘秀的“秀”字，为了避讳，所以那时的秀才不能叫秀才，得称“茂才”。明、清之时，君主的绝对专制不仅在政治上登峰造极，而且还形成了一个以文字狱为标志的思想文化界的黑暗时期。

明初的文字之祸多与朱元璋对僚臣的猜忌、多疑有关。明文字狱始见于洪武七年（1374 年）。苏州知府魏观将新府衙建于张士诚宫殿旧址，高启作《上梁文》中又有“龙盘虎踞”四字，因此触犯明太祖朱元璋忌讳而被杀。又如杭州府学教授徐一夔在贺表中有“光天之下，天生圣人，为世作则”的颂扬文字，朱元璋看后却大怒说：“光是剃发，说我是秃子，生者，僧也，骂我当过和尚，则音近贼，骂我做过贼。”立即诛杀徐一夔。此后，群臣奏章文稿中凡有生、光、则等字样者，即予诛杀。明初文字狱贯穿洪武一朝，是明太祖朱元璋为推行文化专制统治所采取的极端手段，并为后世封建统治者所效法。

清代，在康、雍、乾三朝的百余年间，文字狱多达上百起，而且愈演愈烈。清代前期文字狱大致有以下三种情况：一是清先世曾臣服于明朝，受官袭爵，

闻命即从。入主中原之后，清廷对此段史事讳莫如深，因此，不仅将旧有史籍刊削、禁毁，而且对继续编写乃至收藏者，则以“大逆”之罪加以诛戮。二是清初反清思想久久不能消除，尤其是汉族士大夫眷恋故明，宣扬“夷夏之防”一类思想，对巩固清廷统治极为不利。为了强化满洲贵族的封建专制统治，对反清思想就势必要用暴力加以打击。三是康雍之际，清皇族中权力斗争空前激化，史称夺嫡之争。雍正帝即位之后，为了巩固已得的胜利，除杀戮夺嫡诸王外，不惜借助文字狱来打击“党附诸王”的势力。此外，尚有皇帝滥施专制淫威而出现的文字狱。在文字狱浪潮中表现得最为癫狂的人物是乾隆皇帝。如清乾隆二十年（1755 年）的胡中藻诗狱。内阁大学士胡中藻所著《坚磨生诗抄》中有诗句“一把心肠论浊清”，乾隆认为他故意把“浊”字加在“清”字上，居心叵测，随即把胡中藻处死。广西巡抚满族人鄂昌跟胡中藻作诗唱和，在《塞上吟》一诗中称蒙古人为“胡儿”，乾隆认为鄂昌自己就是胡儿，诋毁同类，丧心病狂，下令命其自杀。

文字狱是巩固封建专制统治的政治措施。它极大地桎梏了学术思想的发展，助长了阿谀奉承、诬告陷害之风，是历史发展中的浊流。到清乾隆末叶，一方面清廷已经通过文字狱达到了预期目的，另一方面，隐伏着的社会危机日益加剧，清代统治者面临着比反清思想更为严重的社会问题，文字狱遂趋于平息。

（二）科举制度的终结

实行了千余年的科举制度，它的种种弊端在清代暴露无遗。鸦片战争前，著名思想家龚自珍写下了《病梅馆记》和《己亥杂诗》。在《病梅馆记》中，作者抨击了封建统治者对人才的摧残。在《己亥杂诗》中，更是大声疾呼，要求改变“万马齐喑”的局面：“九州生气恃风雷，万马齐喑究可哀。我劝天公重抖擞，不拘一格降人才。”鸦片战争以后，传统中国在西方的“坚船利炮”下迈出了走向近代化的沉重步伐，以科举为核心的中国古代选举制度受到极大挑战，在不少

率先“睁眼看世界”的有识之士的批评声中，清代统治者曾试图改革科举制度，却已无力回天。

在甲午中日战争中，清朝惨败，随后签订的《马关条约》震惊朝野上下。封建士大夫中的有识之士和资产阶级改良派发起了维新变法运动，千百年来束缚人们思想的科举制度随即成为众矢之的，被群起而攻之。其中，康有为和梁启超可称为反封建科举制度的先锋人物。1901 年，八国联军侵占北京，胁迫清政府签订《辛丑条约》。此时，清朝已处于行将崩溃的四面楚歌中，为了延缓灭亡，清政府采取各种措施以进行最后挣扎，正式废除科举制，便是其中之一。1905 年 8 月，清德宗光绪皇帝接受了袁世凯、张之洞等朝臣关于“请立停科举，以广学校”的建议，并下旨正式宣布：“自丙午（光绪三十二年，1906 年）科为始，所有乡、会试一律停止，各省岁科考试亦即停止。”至此，自隋以来实行了一千三百年的科举制度终于走向了终结，退出了历史舞台。

中国古代司法制度

中国是古代文明起源较早的世界四大文明古国之一，也是人类社会法治文明比较发达的国度。从炎黄时代起，在黄河流域已开始出现古代文明的曙光。随着氏族制度的瓦解和早期国家的形成，法制文明也开始浮现出人类历史的地平线。漫长的奴隶社会和封建社会中，中国古代法律制度经历了由初步发展到逐渐完善的过程，成为世界法律制度中的重要组成部分。

一、夏商司法制度

中国是古代文明起源最早的世界四大文明古国之一，也是人类社会早期法制文明比较发达的国度。从炎黄时代起，由于生产力的不断进步和农业、手工业、商业等社会分工的日益扩大，在黄河流域已开始出现古代文明的曙光。我们的先祖们，通过迁徙流动与社会交往，在部族之间的战争冲突和联盟战争中，相继建立了众多分散并立的宗族部落制早期国家，原始的平等的氏族部落制社会随即开始向阶级社会过渡。之后，历经尧、舜、禹时代的发展，到公元前 21 世纪，夏禹之子夏启夺得王位，建立了以夏后氏为核心的夏政权。公元前 17 世纪，商汤推翻夏桀的残暴统治，建立了商政权。公元前 11 世纪，商政权被西周所灭。

夏商是中原地区先后建立的两个相对集中统一的宗族城邦制国家。在其内部，仍然是以血缘关系为纽带的家族与宗族制结构，但它在此时已经摆脱了原始氏族的性质，进入了分层对立的阶级社会和政治国家。因此可以说，中国古代文明起源的历史进程，也是中国从分散的宗族部落制早期国家向集中统一的宗族城邦制国家发展过渡的社会进程。

随着氏族制度的瓦解和早期国家的形成，法制文明也开始浮出人类历史的地平线。中国的法制文明最早来源于原始社会末期，其法律制度以源于原始习惯习俗的习惯法为主，包括“礼”与“刑”两部分。礼最初是由祭祀崇拜和宗教禁忌等礼仪规则及伦理道德习惯演变而成的，而刑最初是从复仇惩戒或军事战争等暴力手段及其相关行为规范发展而来的。因此才有了“刑起于兵”和“礼源于祭祀”的说法。所以，中国早期的法律制度从一产生就具有注重宗法伦理、宣扬道德教化、强调礼刑并重的特点，并且始终以维护家族、宗族、国家、政权的根本利益为宗旨，形成了重公权轻私权、重集体轻

个体、重义务轻利益的基本特征，对中国古代社会的发展产生了深远的影响。

夏商两代处于古代社会的早期发展阶段，是中国早期法律制度的初步发展时期。该时期的法律制度体系还不完备，并且还具有浓厚的“天讨”“天罚”的神权思想。

这一时期的司法制度相对比较简陋，基本上是一种行政、军事、司法不分的体制。不仅夏王、商王作为最高统治者拥有最高的司法审判权，而且各级贵族、官吏也同时兼掌行政、军事和司法权。当时的中国是宗族制、家族制国家，其社会结构以家族和宗族制度为基础。因此，各级司法权实际掌握在各级宗主手中。如商代已实行宗族分封制，商王将其势力范围划分为王畿地区（“内服”，由商王及卿大夫直接管辖）和畿外地区（“外服”，由受封诸侯进行管辖）两部分。但无论是商王、卿大夫，还是诸侯，都是各支宗族的世袭宗主。他们作为封国、封地或封邑的主人，既拥有政治、经济、军事大权，又握有生杀予夺的司法大权。在这种司法体制下，尽管夏商两代也设置了一些司法官员，如士、士师、大理、司寇等，但司法权始终受到行政、军事权力的控制和干预。

夏商两代处于神权法时代，其司法制度具有浓厚的“天罚”“神判”色彩。当时的统治者不仅以“大刑用甲兵”的军事讨伐“行天之罚”，而且商代还通过占卜活动领受神意，以“神判”的形式决定司法裁判和定罪量刑，从而决定是否对人施用惩罚。监狱在这一时期也已经出现。根据《竹书纪年》的记载，圜(同“圆”)土即是夏商两代关押罪犯的监狱。暴君夏桀曾经在夏台（又叫均台）囚禁商汤，商纣王也曾经在羑里关押过周文王(即《封神演义》中的姬昌，据说《周易》就是他被关押在此处时写成的)。当然，这只是两座临时作为软禁场所的宫池或城池，并非一般意义上的监狱。在出土的殷墟甲骨文中，有关于监狱、囚禁等的记载。

二、周朝司法制度

商代末年，各级宗主贵族统治黑暗，社会危机日益严重，各种社会矛盾不断加剧。公元前 11 世纪，周武王乘机起兵灭商，建立了西周政权。公元前 770 年，周平王东迁洛邑，东周从此开始。东周是诸侯混战割据、群起争霸的时代，人们习惯于将东周这一时代称为春秋战国时代。

周朝是夏商之后一个比较发达的宗族城邦制国家。它确立的“明德慎行”的法律思想和礼刑结合的法律体系，成为中国早期法制建设走向成熟完备的典范，并长期影响着后世两千多年的法律制度的发展走向。

（一）西周司法制度

西周是历史上宗族城邦制国家的鼎盛时期，也是宗法等级制度的成熟完备阶段，制定周礼，编订刑书，并建立了礼刑并用的法律制度，其根本目的就是为了维护和巩固宗法等级制度。

在夏商司法制度的基础上，西周初步形成和发展了一套诉讼程序和审判制度。西周时期，周王仍然是全国最高司法长官，掌握着国家最高的司法审判权。凡是重要的争讼或重大疑难案件，都由周王最终裁决。周王之下设大司寇作为中央的最高司法官，其主要职责是辅助周王掌管全国司法审判事务。遇有重大或疑难案件，须上报周王最后裁决，或由周王指派高级贵族进行决议。在大司寇之下，设有小司寇。小司寇的职责是协助大司寇审理案件、处理狱讼。在司寇之下，设置有士师，负责执行中央禁令和审查地方处理的案件的情况。

周王分封的各诸侯，是各自封

国的最高首领。各诸侯同样握有本封国内的最高司法权。各诸侯国也设有司寇、士师等，只是其机构设置没有周王国那么发达。同时，在周王国及各诸侯国的地方基层组织中，各级宗主、族长或家长也拥有对其族人成员的司法审判权和刑罚执行权。这对后世父权、夫权及族权的形成与发展产生了深远的影响。

与夏商时期“天罚”“审判”的审判方式相比，西周的诉讼审判制度有了较明显的发展。这主要体现在以下两个方面：

首先，区分狱讼形式。西周时期，由于农业、畜牧业、手工业的进一步分工、发展，社会发展进步，人们之间的经济交往与民事关系日益活跃，由此引发的民事经济纠纷逐渐增多。在解决纠纷的过程中，人们开始对民事诉讼与刑事诉讼有所区分。《周礼》中有“以两剂禁民狱”“以两造禁民讼”的记载。根据郑玄的解释，“狱”是涉及犯罪的刑事诉讼，要求持诉状向官府起诉；“讼”是涉及财产纠纷的民事诉讼，当事人可以直接到庭提出诉讼请求。由此，司法机关受理刑事或民事诉讼案件，要按照“狱”“讼”性质的不同，分别收取相应的诉讼费用。凡是控告刑事诉讼的，当事人须缴纳“钧金”，即三十斤铜，作为刑事诉讼费；凡是提出民事诉讼的，当事人须缴纳“束矢”，即一捆箭，作为民事诉讼费用。

其次，确立了诉讼审判原则。

一是注重运用各种证据。在司法审判活动中，西周已开始注重运用各种证据。其中，口供和誓言是最主要的证据，包括原告和被告的供词和双方起誓的内容。为了减少冤假错案，西周时重视“听狱之两辞”，即要求兼听原被告双方的意见，反对偏信一面之词。同时，西周时也注意运用人证、物证与书证作为处理诉讼纠纷和进行司法审判的法定证据。如处理民间争讼纠纷，以邻里人证为依据；解决土地疆界纠纷，以图籍书证为依据；调解财产关系纠纷，则以契约文书为依据，等等。

二是要求法官依法办案。西周时要求司法人员根据刑书规定依法办案，审判案件时要慎重，依据刑书斟酌权衡，决狱量刑务必做到允当。对于刑书没有

规定的，则按照法律类推原则，比照相关规定处理，不应受错误干扰，不得主观臆断。值得提及的是，为了保证依法办案，西周时已开始注重对司法人员的专业能力与素质水平的要求，禁止任用奸佞决狱断案。这无疑有助于司法审判的公正性与公平性。

三是创立了“五听”的审讯方式。西周在长期的司法实践中总结出了一套“以五声听狱讼，求民情”的审讯程序，“五听”包括“辞听”“色听”“气听”“耳听”“目听”五种形式。其中，“辞听”指观察受审者的言辞，如果受审者理亏则他的言语会自相矛盾或烦乱；“色听”指观察受审者的表情，如果受审者心虚则他会表现得惊慌失色；“气听”指观察受审者的呼吸，如果理屈则他会紧张喘息；“耳听”指观察受审者的听觉，心里有鬼则受审者会反应迟钝；“目听”指观察受审者的目光，如果理亏则他会慌乱失神。“五听”是古人长期司法实践的经验总结，也是运用心理分析进行审讯的一种尝试。与夏商时期的“天罚”“神判”的审讯方式相比，这无疑是一种进步。但这种完全依赖察言观色的判案方式往往会导致主观臆断，从而制造出冤假错案。

四是严禁司法人员犯“五过之疵”。西周司法活动重视各种证据的运用，要求法官依法办案，严禁其徇私枉法。所谓“五过之疵”，是指司法人员徇私枉法、出入人罪的五种表现，包括“唯官”“唯反”“唯内”“唯货”“唯来”。其中，“唯官”指司法官与涉案囚犯是同僚关系；“唯反”指敲诈囚犯，令其翻供或隐瞒实情；“唯内”指司法官与涉案囚犯是亲属关系，并影响司法活动；“唯货”指索贿受贿、贪赃枉法；“唯来”指与案犯有勾结。凡是具有这五种徇私枉法行为的司法官，与涉案罪犯视为同罪。

（二）春秋战国时期的司法制度

春秋战国处于我国古代社会的大变革时期，此时诸侯混战，群起争霸。在这种时代背景下，出现了儒、墨、道、法各家思想的争鸣与交锋，各诸侯国也相应出现了变法和改革

等。与西周的司法制度相比较，春秋时期的司法制度没有多大的变化，倒是战国时期各国的司法制度发生了一些重要变化。

战国时期的变法改革运动，使各国的司法制度发生了一些重大变化，主要表现为确立了一套君主专制中央集权的司法体系。在中央，各国君掌握着全国的最高司法权，他们不仅拥有对案件的最后决定权和最终裁决权，而且还亲自处理一些重大、疑难案件。同时，在国君之下，各国还设置专门掌握司法审判及刑狱诉讼的司法官，如秦国的廷尉、楚国的廷理、齐国的大理，均辅助国君处理司法事务。在地方，随着各国的边地得到进一步开发和各地人口的迅速增多，一些诸侯国相继推行郡县制度。与分封制不同，郡县制的长官由国君直接任免，代表国家行使管理职能，领取俸禄报酬，不再享有世袭特权。郡守、县令或县长既是郡县的行政长官，又是司法审判官。在县令或县长以下，分设县丞、县尉、御史等职，协助处理民政、军事、司法等事务。这种行政机关兼掌诉讼审判职能的地方司法制度，在我国沿用了两千多年。同时，在县级机构之下，还设有乡、里、聚、邑等基层组织，负责民间治安秩序、缉捕贼盗、裁决争讼等司法事务。有些诸侯国还将民众编为什伍组织，五家一伍、十家一什，互相监督连保，确立了一套从中央到地方由专制君主统一控制的森严的司法体制。

三、秦汉司法制度

公元前 221 年，秦始皇通过军事化的管理机制和严苛的法制统一了六国，建立了统一的中央集权的帝国。然而，由于统一后的秦朝仍然用战争时的统制模式治理天下，并且法制更为严酷，最终导致天下怨声四起。秦朝仅维持了 15 年就灭亡了。公元前 206 年，刘邦再次统一全国，建立汉朝，定都长安，史称西汉。公元 8 年，外戚王莽夺权，改国号为新，但不久之后即被绿林、赤眉起义军推翻。公元 25 年，刘秀重建汉朝，定都洛阳，史称东汉。

（一）秦朝的司法制度

1. 司法体制

春秋战国时代，在司法体制上，各诸侯国之间不仅互不统辖，而且各自的内部设置也不同。秦始皇统一六国后，建立了一套统一的地方司法体制。秦始皇在中国历史上第一次建立了专制主义的中央集权体制。“德高三皇，功盖五帝”的始皇帝被赋予最高司法审判权。在秦朝的中央司法审判机关，皇帝作为最高审判官，享有对于一切案件的终审权。在中央，高级司法长官也称为“廷尉”。廷尉的职责主要包括两个方面：一是作为中央审级受理地方司法机关移送的疑难案件；二是负责审理皇帝交办的“诏狱”。在地方，实行行政、司法合一制。地方行政机关同时也是司法机关。秦朝在全国实行郡县制。郡守、县令掌握本郡、县的司法审判权。郡有“决狱槽”，县有“丞”，都是专职司法官，协助郡守、县令受理争讼案件。

2. 诉讼审判制度

首先，诉讼形式。秦朝的诉讼形式有两种，即公室告和非公室告。“公室”指国家，对于直接侵害国家利益和社会秩序的犯罪，由官吏代表国家提起的诉讼，就

是“公室告”。对于公室告的案件，法官必须受理。“非公室告”是指涉及家庭内部关系的诉讼。秦朝沿用了什伍连坐制度，一人犯罪，如果邻里知情不告，则治罪连坐。可见邻里实际上承担相互之间的犯罪举报义务。

其次，调查、勘验。司法机关决定受理案件后，即开始调查事实、收集证据。一般将地方负责治安的官吏或什伍保甲组织的负责人向司法机关提供的关于案件的书面材料称为“爰书”。爰书中记录着案件相关人员的姓名、年龄、身份、籍贯、犯罪记录、前科处理等，还包括案发现场的现场勘验记录。为了破案和处理案件，在案件调查、勘验过程中可以实行“封守”，即查封、冻结被告的财产，看守被告的家人。

最后，审讯程序。案件经过起诉、调查、勘验阶段后进入审讯程序。秦朝称审讯为“讯狱”。审讯的主要目的是获得口供，即现在所谓的口头证据或言词证据。成功的“讯狱”是通过审问获得可靠的口供。在法庭上，不提倡实行刑讯。但如果被告不提供口供，或者所提供的口供不实，则仍可进行拷问、刑讯。司法机关对案件进行判决，必须引用法律条款。秦律要求官吏熟悉法律，依照法律规定处理各类纠纷、案件。秦时还允许以判例（在秦时被称为“廷行事”）作为审案的依据。审讯后，由司法机关向当事人宣布判决，这一程序叫做“读鞫”。如果当事人不服，可以请求重新审判，这一程序叫做“乞鞫”。乞鞫者不限于本人，家人也可以代为乞鞫。

（二）汉朝的司法制度

汉承秦制，汉朝的司法制度以秦朝旧制为基础。同时，随着司法经验的积累、法律思想的变化，汉朝的司法制度又有了新的发展。春秋决狱、疑狱谳报与录囚、秋冬行刑等制度，都是汉朝时创立的，并对中国古代司法制度的发展影响深远。

1. 司法机关体系

首先，在汉朝的中央司法机关中，皇帝仍然是国家的最高司法官。但是皇

帝一般不直接参与案件的诉讼审理过程，具体司法事务一般由丞相、御史大夫、廷尉承办。西汉初年，丞相为三公之首，一人之下，万人之上，总揽朝政，同时掌握诛罚大权，位高权重。汉武帝登基以后，为了加强皇权、削弱相权，任命尚书“出纳王命”“敷奏万机”，从此丞相的职权逐渐由尚书取代。汉成帝时，又在尚书之下设“五曹”。其中，“三公曹”主要负责司法事务。到东汉时期，尚书台成了国家的中枢机关。在尚书台下，又设立了主要负责辞讼事务的“二千石曹”（后世刑部的前身）。御史大夫主要负责监察、弹劾官吏，并与专职司法官一起处理案件。廷尉是汉朝最高的专门司法机关，长官也称为廷尉。在廷尉之下，设有正、兼、左监和右监等官职。廷尉的司法职能主要是受理地方上报的疑难案件和上诉案件，以及负责审理皇帝交办的重要案件。对于一般案件，廷尉有权作出终审裁判；对于重大、疑难案件，则要先上报丞相（或尚书）、御史大夫等集体审议，再将审议结果上奏皇帝，由皇帝作出最后裁决。

其次，地方司法机关。在地方，司法机关与行政机关合一，地方行政长官同时也是各级地方的司法官。西汉初期，地方司法机关体制与行政体制一致，也分为郡、县两级。汉武帝时期，为了加强中央集权，将全国划分为十三个监察区，每个监察区由皇帝钦派刺史一人负责监察地方。刺史可以审理所负责郡、县的冤案及上诉案件。东汉末年，监察区改为州，并成为地方常设性机关，原来的巡回官刺史，也相应改为州牧。从而正式形成了州、郡、县三级地方司法机关。对于一般案件，地方司法机关可以自行审判，作出裁决，重大案件则要逐级上报廷尉，直到由皇帝作出最终裁决。

2. 诉讼审批制度

与秦朝相比，汉朝的诉讼审判制度更为完备，关于告劾、断狱、系囚等均有专门的法令。汉朝的起诉方式有两种，一种是告劾，即由当事人自己或被害人及其亲属向官府提起诉讼，类似于现在的自诉。另一种是由各级官府、监察机关主动察举违法犯罪行为，类似于现在的公诉。汉朝时确立了“亲亲得相首匿”的原则，即除了大逆、谋反等重罪外，亲属之间不负有举报的法律义务。在逮捕、羁押罪犯时，对贵族、官吏、老幼、废疾、孕

妇实行特别优待，他们可以不戴刑具。与秦朝轻罪重刑的刑罚制度相比，汉朝的刑罚更为文明、人道。汉朝对被告进行审讯的过程称为“鞠狱”。司法官在审问开始时，要向被告宣告作伪证的法律责任。如果被告提供虚假证据，且没有在三日之内主动提出更改，则司法官将按照伪证的程度对其进行反坐。在询问的过程中，司法官一般首先诘问被告。如果司法官认为诘问的方式不能取得足以给被告定罪的证据，则可以对被告进行刑讯。刑讯是汉朝合法的审讯方式。审讯结束以后，司法官结合掌握的各种证据，对案件的事实部分进行总结，拟订判词。有趣的是，司法官在判决以前，要向当事人宣读判词，这一程序被称作“读鞠”。如果当事人对读鞠没有异议，司法官就可以进行判决；如果当事人对事实部分有异议或推翻原来的口供，则司法官允许当事人请求复审，这被称作“乞鞠”。但是乞鞠要在一定的期限内进行，判决宣告三个月后再提出乞鞠的，司法官将不予受理。

汉承秦制，又创制了以下司法制度，包括春秋决狱、疑狱谳报与录囚、秋冬行刑。

首先，春秋决狱又称经义决狱，是指西汉中期，在儒家思想成为官方正统思想之后，儒学大师董仲舒等人提倡以《春秋》大义作为司法裁判的指导思想，凡是法律没有规定的，司法官就依照儒家经义裁判案件；凡是法律条文与儒家经义相违背的，则儒家经义具有高于现行法律的效力。董仲舒系统地将儒家经义引入司法领域，《汉书·应邵传》记载：“胶东相董仲舒老病致仕，朝廷每有争议，数遣张汤，亲至陋巷，于是作《春秋决狱》二百三十二事，动以经对。”此外，《诗》《书》《礼》《易》等儒家经典也被援引为司法裁判的依据。

“春秋决狱也，必本其事而原其志，志邪者不待成，首恶者罪特重，本直者论其轻。”这是董仲舒在《春秋繁露·精华》中提出的儒家化的定罪量刑的标准，可以看出，春秋决狱是从客观事实出发，推究行为人的主观善恶，如动机、目的、故意与过失等，在综合权衡客观方面与主观方面的基础上对行为人定罪量刑。春秋决狱并非单纯依据行为人的主观方面而对其定罪量刑，但是与法家

偏重于把客观行为结果作为定罪量刑的标准相比，更注重对行为人主观方面的评价。这表现在凡是动机不良、目的邪恶的人，其行为不必产生预期结果，就可以给予惩治；犯罪行为的制造者、组织策划者要受到重罚；行为人处于善的动机，则尽管其行为导致了危害性结果的发生，也可以减轻处罚或免于处罚。例如，《太平御览》记载了董仲舒审判的一个案件：甲的父亲乙与丙发生口角而导致了殴斗，丙以配刀刺乙，甲为了保护父亲即以杖击丙，结果误伤了自己的父亲乙。在这个案件中，如果按照法家之法，由于甲的行为构成了殴父罪，则应对其判枭首（即将头割掉）之刑。董仲舒没有拘泥于成文法，而是依照春秋之义对该案件进行了评判："臣愚以父子至亲也，闻其斗，莫不有怵怅之心，挟杖而救之，非所以欲诟父也。甲非律所谓殴父，不当坐。"即董仲舒根据案件发生的场景、甲的行为，推究出甲是要救助父亲，虽然发生了殴伤父亲的结果，但属于过失所致。综合分析主客观因素，董仲舒最后认为甲的行为不构成殴父之罪，不应该给予刑罚。

春秋决狱不仅推动了法律的儒家化，使得儒家的思想与法家已经创制完成的法律规则结合起来，并有所发展，从而奠定了中华法系儒法结合的基本样式，还修正了法家偏重于客观归罪的定罪量刑标准，强调在客观事实的基础上，推究行为人的主观方面，并据此来判究行为人是否有罪、罪重罪轻，试图矫正秦朝以来的严刑酷吏的司法风气。然而，春秋决狱也产生了一定的消极影响：引经注律成为律学研究的主要内容，造成中国古代法律与道德的高度混同，失去了先秦以来法家注重客观的科学性；在司法实践中，春秋决狱导致司法官主观臆断，许多儒生出任司法官以后，片面强调行为人的主观方面而不结合行为人的客观事实；春秋决狱缺乏统一的标准，这为一些司法官徇私枉法提供了便利。对于同一性质的行为，在定罪量刑方面也存在极大的差异，往往同罪不同罚。

其次，疑狱谳报与录囚。在仁政、恤刑思想的指导下，汉朝创制了疑狱谳报与录囚制度。疑狱谳报，是指各地方官将疑难案件逐级上报，直至报送廷尉处理；廷尉也不能处理的案件，再上报皇帝，由皇帝召集大臣集体讨论，作出最后裁决。在汉朝初期，统治者就下令司法机关实行疑

狱谳报制度。汉高祖刘邦曾经规定疑狱谳报的上报次序：县一级官员将不能决断的疑难案件报送二千石官；如果二千石官也不能决断，再上报廷尉；廷尉也决断不了的案件再奏请皇帝，由皇帝与丞相、御史大夫等集体讨论，并由皇帝作出最终裁决。录囚是指皇帝、刺史、郡守审录在押囚犯，监察下级机关的缉捕、审判行为是否合法、有无差错，以便平反冤案，及时审决案件的制度。录囚制度创设于汉武帝时期，汉武帝在公元前 106 年颁布诏令，要求各州刺史每年八月“巡行所部郡国，录囚徒”。东汉的最高统治者对录囚制度也极为重视，如光武帝就曾亲自参与录囚。

疑狱谳报是自下而上呈报疑难案件，录囚是上级司法监察机关对下级司法审判行为的监督，这两种制度都起到了宣扬统治者仁政、厚德，统一适用法律的作用，有利于封建君主加强对地方司法权的控制。从平民百姓的角度来看，这两种制度也确实有利于改善狱政、纠改错案、体恤民命。

最后，秋冬行刑。儒学大师董仲舒以阴阳学说论述春夏生养、秋冬肃杀的天道思想：“春气暖者，天之所以爱而生之；秋气清者，天之所以严而成之；夏气温者，天之所以乐而养之；冬气寒者，天之所以哀而藏之。”董仲舒认为，阴是刑气的象征，阳是德气的象征；阴开始于秋天，阳开始于春天。进而他指出，一年四季是阴阳变化的结果，统治者执行刑罚、施行德政都要与季节变化相适应，所谓：“天有四时，王有四政……天人所同有也。庆为春，赏为夏，罚为秋，刑为冬。”在春秋两个季节，统治者要顺应阳气生养万物的规律推行德政；在秋冬两个季节，统治者要顺应阴气肃杀万物的规律，决狱行刑，特别是死刑案件的审判必须在秋后执行，死刑的执行要在冬季。秋冬行刑理论把司法镇压与阴阳运行、四季变换相结合，借助天的权威性和现实生活中的感受加强司法的严肃性。

秋冬行刑有助于改变秦朝以来四时决狱刑罚的暴虐。这一理论对汉朝的司法制度产生了直接的影响，自汉武帝以后，重刑都在秋冬审决。东汉时则规定死刑只在十月间执行；除了极特殊的死刑案件外，一般案件在十月以外的时间执行死刑，都被视为是违背阴阳四时规律的。秋冬行刑理论还被汉朝以后的封建统治者所继承、发展，如明清时的秋审、朝审制度。

四、三国两晋南北朝司法制度

东汉末年，皇室统治衰微，东汉政权已经名存实亡。在镇压黄巾军起义的过程中，各地豪强军阀势力迅速发展起来，北方黄河流域连年混战割据，秦汉以来确立的君主专制中央集权统一国家逐渐瓦解。公元220年，曹操之子曹丕代汉称帝，改国号为魏；公元221年，刘备在成都称帝，国号为汉，史称蜀汉；公元229年，孙权在建业（今江苏南京）称帝，建立吴国。三国鼎立的局面正式形成。公元265年，司马炎代魏称帝，建立西晋政权，并于280年统一全国。但是，随着周边少数民族的大规模内迁和各种社会矛盾的日益激化，西晋王朝仅维持了短暂的统一便告灭亡，黄河流域再次陷入分裂、割据与战乱之中。公元317年，晋王司马睿重建晋朝，并避乱南迁，史称东晋。而北方进入了十六国时代，匈奴、鲜卑、氐、羯、羌等少数民族先后建立了二十多个大小政权。公元439年，黄河流域暂时归于统一。自公元420年到公元589年的南朝时期，先后经历了宋、齐、梁、陈四代政权。而北朝从公元386年起，经历了北魏、东魏、西魏、北齐、北周五代政权。公元581年，北周大将杨坚建立隋朝，并于589年再次统一全国，结束了长期分裂、割据、战乱、动荡的时代。

在三国两晋南北朝近四个世纪的历史进程中，仅西晋有过三十年左右的短暂统一，其余绝大部分时间都处于分裂、割据与对峙之中。为了巩固王权，扩大势力范围，许多政权都进行了立法活动，促进了法律制度的持续发展和逐渐完善。只是这一时期制定的法律很少有能适用于全国的。但自汉代以来引礼入律的不断发展，使这一时期的法律制度出现了进一步的儒家化趋势。同时，这一时期的法制建设具有明显的承前启后的性质，是传统法律制度从秦汉早期向隋唐成熟完备发展过渡的重要阶段。无论是立法活动、司法制度，还是法律形式、法典体例、法律内容，在该时期都发生了很大的变化，并因而对后世法律制度的发展产生了深远的影响。

三国两晋南北朝时期的司法制度，基本上沿

袭东汉，同时也发生了一些新的变化。

（一）司法机关体系

在这一时期，司法机关的设置基本上继承东汉旧制，中央也大都以廷尉为最高审判机构。当然，也出现了一些新的变化，如孙吴曾设大理，北周改称秋官大司寇，北齐则改设大理寺。值得提及的是，魏明帝曾采纳卫凯的建议，首次在廷尉中增设律博士一职，负责教授法律和培养司法官员，这是我国最早设置的专门从事法律教育的机构。这项制度被西晋以后的政权所继承，并在北齐时将人数从一人增至四人，表明统治者已经比较重视法律教育，开始注重对司法人员专业技能的培养。地方仍实行司法与行政合一、行政机关兼掌审判职能的体制。自东汉末年起，州变为一级地方行政机构，地方司法审级增加至州、郡、县三级。

（二）诉讼审判制度

三国两晋南北朝的诉讼审判制度既表现出对东汉审判制度的继承，又有所创新。

首先，皇帝参与审判录囚。这一时期，封建君主对司法审判权的控制进一步加强，皇帝往往直接干预或亲自参加审判活动。如魏明帝不仅非常重视立法活动，专门组织制定曹魏基本法典《新律》，还十分关注司法审判活动。公元229年，魏明帝改平望观为听讼观，并将其变成凌驾于廷尉之上的临时最高法庭，“每断大狱，常幸观临听之”。南朝宋武帝经常听讼决狱。为了加强对各级司法机关司法审判活动的监督检查，当时还普遍实行录囚制度，许多皇帝不仅亲自参与这一活动，还经常钦派亲近大臣前往各地审录囚徒。南北朝时期，皇帝还通过案验制度监督检查各地的司法活动。由此，便形成了一套自上而下逐级检验监督的案验制度。通过皇帝亲自干预或直接参与审判录囚以及逐级案验，加强了上级对下级、中央对地方、专制君主对地方各级机关司法审判的监督与

控制。

其次，改进上诉直诉制度。曹魏时，为了简化诉讼审判程序，曾一度改变汉朝的上诉直诉制度，规定两年以上的案件，家人不得乞鞫上诉。两晋时又恢复上诉制度，规定判决结果须向当事人宣读，如果当事人对判决不服，则允许其上诉。北魏律则明确规定，对判决结果有疑问或诉冤不服者，应该重新审理复核。在这一时期，不仅改进了上诉制度，还建立了直诉制度。从西晋时起，在朝堂外悬登闻鼓，允许有重大冤屈者击鼓鸣冤，直诉中央甚至皇帝。北魏太武帝时，也在京城宫门外悬设登闻鼓，允许击鼓鸣冤，直诉朝廷。上诉直诉制度加强了上级司法机关对下级司法机关的监督监察，有利于发现或纠正冤假错案。

最后，改善死刑复奏制度。这一时期，为了慎重对待和处理死刑重罪，开始逐步完善死刑复奏制度。公元 236 年，魏明帝曾下令廷尉及各级狱官，对要求恩赦的死罪重囚，要及时奏闻朝廷。公元 463 年，宋孝武帝规定，凡是死刑重犯必须上报朝廷，由有关官员听察。北魏太武帝时也明确规定，各地死刑案件一律上报奏谳，由皇帝亲自过问，须无疑问或冤屈方可以执行。死刑复奏制度对后世的司法审判和刑罚执行制度产生了直接的影响，并在隋唐时发展为死刑三复奏与五复奏制度。同时，该时期还盛行刑讯逼供酷法。在“刑乱国用重典”思想的指导下，司法制度带有明显的军事化、军法化倾向，盛行重枷、测枷、测罚、测立等刑讯逼供酷法。北魏孝文帝时，一些司法官员不惜动用重枷刑讯逼供，甚至将石头缒在犯人脖颈上，勒入其皮肉。南朝梁武帝时，创立“测罚”逼供法，对拒不招供的犯人，先断食三天，再由其家人送粥进食，如此循环使用，直至其招供。陈武帝时，又发明了野蛮的“测立”逼供酷法，对受审者鞭打二十、笞捶三十，强迫其戴上枷械刑具，站立在顶部尖圆、仅容两脚的一尺高的土垛上，如此折磨逼供。这些刑讯逼供酷法均反映了当时司法制度的野蛮黑暗。

五、隋唐司法制度

公元581年，北周权臣杨坚夺取政权，建立隋朝，史称隋文帝。公元589年，隋军南下灭陈，重新统一中国。隋朝仅历经两代，便陷入了危机之中。在众多的反隋力量中，以李渊为代表的势力尤其雄厚，并在公元618年推翻隋朝，建立唐朝，定都长安。隋朝的灭亡使唐初统治者认识到人民群众的力量不可小觑，因此采取了一系列的让步政策和改革措施，使社会恢复安定和发展，出现了“贞观之治”和“开元盛世”的繁荣局面，成为继汉代以后我国封建社会中的又一个强盛时期。

在中国法制史上，隋唐法律达到了中国封建法律的高峰。封建法制经过秦汉、魏晋南北朝时期的发展，已经达到详备和成熟的程度。隋朝统治的时间虽然很短暂（仅维持了37年），但《开皇律》在封建法制发展史上具有承上启下的作用，地位重要、影响深远、引人注目。以唐太宗李世民为代表的唐朝前期的统治者，注重摸索总结历代封建统治的经验，吸收了历史上有利于封建统治、缓和阶级矛盾、安定社会的法律制度，集传统法律之大成，展开了大规模的立法活动。《贞观律》《永徽律》《永徽律疏》《开元律》等法典，都是在这一时期创制的。中国历代学者对唐律推崇备至，唐律“一准乎礼”和内容的全面完备的特点，使之不但成为封建法律的楷模，而且被公认为中华法系的代表，并对日本、朝鲜等邻国封建法典的制定具有深远的影响。长期以来，唐律被国内外的学者看作是一座封建法学的宝库，取之不尽、用之不竭。

（一）隋朝司法制度的变革

隋朝时对诉讼、刑讯、死刑执行等司法制度进行了改革、完善。

首先，诉讼制度。《开皇律》颁布之初，隋文帝认为法令初行，很多百姓对其还很陌生，因而犯法人数众多。因此，隋文帝下诏通令全国，要依法公正

处理诉讼。如果百姓有什么冤屈，先向地方官府申诉；如果县官不予受理，允许经郡、州，直至上诉尚书省。甚至可以请求朝廷处理。如果申诉仍未得到公正的解决，则允许“挝登闻鼓”，直接向皇帝鸣冤。

其次，讯囚制度。中国自古以来的法律制度，都允许司法机关用刑罚拷讯罪犯以获取口供。汉代以后，虽然法律对刑讯的方式、程度也有粗略的限定，但法外刑讯历代相承，手段极其苛酷残毒，被审讯者往往忍受不了这种严酷刑讯而屈打成招。开皇中期立法规定：“讯囚不得过二百，枷杖大小，咸为之成品，行杖不得易人。”从此以后，讯囚被纳入严格的规范当中。

最后，死刑复核制度。开皇十二年，隋文帝认识到，由于各地官员的执法水平不一，往往出现同罪异罚的现象。因此，隋文帝诏令：“诸州死罪不得便决，悉移大理案覆，事尽然后上省奏裁。”即剥夺地方对死刑案件的处决权，并将死刑案件集中到大理寺进行复核。复核后，证据确凿、应判死刑的案件，要呈报尚书省奏明皇帝最后裁决。开皇十五年有规定：“死罪者三奏而后决。”建立了死刑三复奏制度，即执行死刑前要先三次复奏，之后方可以执行，以强调对死刑的慎重态度。

（二）唐朝司法制度

1. 司法机关体系

首先，在中央司法机关，皇帝仍然掌握着最高司法权，拥有对案件的最高审判权和终审判决权。普通案件一经皇帝判决，则任何机构都不能再加以改正。死刑案件必须经过皇帝亲自批准方可以执行。此外，只有皇帝才能发布赦免令。在中央，设有大理寺、刑部、御史台三大司法机关，分别执掌中央司法机构的各项职能。大理寺是中央最高审判机关，由秦汉时期的廷尉演变而来，专门负责中央百官犯罪及京城徒刑以上案件。对徒刑、流刑（仅次于死刑，将犯人遣送到一定距离以外的边远地区，并在一定期限内强迫其劳役，期满后不经过特赦、大赦不得擅自迁回原籍的一种刑罚）案件所作的

判决，必须交刑部复核；死刑案件必须经过皇帝批准。同时，大理寺对刑部移送的案件有复审权。刑部是尚书省六部（三省六部制创立于隋朝，三省包括中书省、尚书省、门下省；在尚书省之下，设有六部，包括吏部、户部、礼部、兵部、刑部、工部）之一，掌管司法政令，并兼负复核职责，负责复核大理寺流刑以下及地方州县所报的徒刑以上案件，是中央司法行政兼审判复核机关。御史台是中央的监察机关，掌管纠察、弹劾百官的违法犯罪行为，同时负责监督大理寺和刑部的司法审判活动。此外，御史台也参与对重大案件的审理。

唐朝中期以后，还建立了“三司推事”制度。中央或地方遇有重大疑难案件，由皇帝特招大理寺、刑部和御史台三大司法机关组成临时法庭，共同审理。“三法司”联合审判由此开始。由于案件情况不同，三司的组成人员可以变化，审判地点在京城，也可以在地方。三司在地方审判又称为“小三司推事”。唐代中央三大司法机关的出现，说明中国古代司法已逐渐从行政体制中分离出来，成为相对独立的专业部门。三大司法机关之间各有分工侧重，又互相监督制约，既有效地保证了司法审判的正常运行，又有利于皇帝对司法权的直接控制。

其次，在地方司法机关，州、县司法权仍掌握在行政长官手中。但不同的是，在地方行政长官属下增设了专门掌管民事和刑事诉讼的官员，这是唐代地方司法的重要特征。县作为最低一级的行政机构，也是最低的审判机关，是诉讼程序的第一审级，县令、县丞有权审断一般的刑事和民事案件。其下还设有司户佐和司法佐，前者掌管田、户、赋役及户婚、田土引发的民事纠纷；后者专门负责处理刑事纠纷。县以上的州、府行政长官，每年巡视属县一次，录囚徒，察狱讼，查处不法县吏，发现疑难案件及时上报中央或上奏皇帝。其下设专职的司法人员：司法参军事和司户参军事，前者掌管律令格式、鞫狱定刑、督捕盗贼，专门审理刑事诉讼；后者则专门审理田土、户婚之类的民事诉讼。可以看出，唐代地方州县尽管行政与司法不分，但刑事诉讼和民事诉讼还是有区别的。此外，御史台派到各地行使监察职能的监察御史，在必要时也参与对各地重要案件的审判。

2. 诉讼审判制度

唐代虽然没有独立的诉讼法典，但《唐律疏议》中还是有许多专门涉及诉讼程序的规定，从起诉、管辖、审判规则、执行，到法官责任制度，结构严谨，内容丰富，自成体系。

首先，起诉制度。唐代的诉讼一般分为两种。第一种叫做“举劾”，是指由监察机关、各级官吏代表国家纠举犯罪。对于监察机关、各部门主管官员而言，举劾监察对象和所属官吏的犯罪是其法定的必须履行的义务。此外，邻里之间对强盗、杀人，普通人对谋反、谋叛、谋大逆等严重犯罪都有向官府纠举的义务。第二种叫做“告诉”，是指当事人就所受伤害或所牵涉的纠纷向官府提起的诉讼。对于告诉案件，可以由当事人直接向官府提起诉讼，也可以由其亲属代为提起，并且还要向官府呈交“辞牒”（即现在所说的诉状）。唐律限制一部分人行使告诉权，除了“十恶”（“十恶”重罪包括谋反、谋大逆、谋叛、恶逆、不道、大不敬、不孝、不睦、不义、内乱。在秦汉法律中已有所体现，只是罪名有些出入，到隋朝时正式将其列入《名例律》中，并为唐朝所沿用）等重大犯罪外，一般犯罪，卑幼不得告尊长，奴婢不得告主人；在押囚犯及年八十以上、十岁以下、有残疾的，不得控告他人犯罪。

其次，管辖制度。唐代审判管辖采取基层初审、逐级判决的制度。所有的刑事、民事案件，都必须先到最基层的州县衙门立案、审理。对一般的民事案件和笞、杖（笞刑、杖刑是五刑制度中的两种。五刑起源于西周，当时的五刑包括墨、劓、宫、刖、杀。魏晋时期，提出新五刑制度，包括死、髡、赎、罚金、杂抵五种刑罚。北周时进一步改革五刑制度，规定五刑分别为杖刑、鞭刑、徒刑、流刑、死刑五种。隋朝又对北周的五刑制度进行改革，正式将五刑确立为笞、杖、徒、流、死五种，并为后世唐宋明清各代所沿用）等轻微的刑事案件，县一级司法机关有权做出生效判决；对于徒以上的犯罪案件，审理后提出判决意见，上报州府复审后，州府即可对徒罪案件做出有效判决，但该判决以及对流罪案件的判决意见还要送到刑部复核。刑部复核无误的徒刑案件，即可以执行，而流刑案件还要

送到中书门下复审，死刑案件要奏请皇帝裁决。如果有冤假错案，徒流案件驳回重审重判，死刑案件移送大理寺复审。此外，对于牵连犯，同级司法机关也有权限上的划分，一般是后缉捕的囚犯送到先缉捕的囚犯处审理，罪行较轻的囚犯送到罪行较重的囚犯处审理，犯罪人数少的送到犯罪人数多的地方审理。如果两地相距很远，也可以就地审判。

再次，审判制度。为了防止审判官因与当事人有亲属、仇嫌关系而在审判中徇私舞弊，唐律确立了审判回避原则，又叫“换推制”：凡是主审官与当事人是五服内的亲属或姻亲，或是师生关系，或曾与主审官是上下级关系，以及此前有仇嫌关系的，主审官都要回避。唐律还确立了证据原则。唐代法律认定的证据有口供、物证和旁证。口供是最重要的证据。为了取得口供，唐律允许拷讯，并规定了拷讯的程序和要求。拷讯是在有其他旁证但事实仍然不清的情况下，由主审官和其他参审官共同决定进行。拷讯只可以用常行杖，次数不得超过三次，每次拷讯的间隔时间在二十天以上，总数不得超过二百；犯杖罪以下的，则拷讯的次数不得超过所犯杖罪之数。经过法定的拷讯程序后，当事人仍不供认的，可以取保放人。拷讯不得适用于享有特权的贵族官僚、老幼、有疾病者、孕妇以及生产的妇女等。毫无疑问，拷讯体现了封建法律的野蛮性，但将其限制在法律许可的范围内，也是一种历史的进步。

当事实清楚、证据确凿时，必须依照法律作出判决。《唐律疏议》中明确司法审判、定罪量刑职能以律令格式（律令格式是唐朝的四种最基本的法律形式）为准。皇帝对具体事项所发布的诏令，如果没有经过立法程序上升为法律，则其效力只是临时的，且只局限于特定的事和人。如果当事人不服判决，可以提出上诉。对于上诉案件，先由原审机关重审。如果当事人对其重审的结果仍然不服，还可以逐级上诉，直至皇帝。唐代受理上诉的机关有州、尚书省、三司和皇帝四级。向皇帝申诉的方式主要有上表、击登闻鼓等。

最后，执行制度和法官责任制度。根据唐律的规定，县一级司法机关可以执行笞刑和杖刑。对于徒刑，若在京城，则男犯将被送去坐监、女犯送去少府监服劳役；若在州县，则一律送往当地官府服劳役。对于流刑，则根据所流放

地方的远近不同，分别将犯人押送到指定地点服役。如果执法人员没有将流犯押送到指定地点，而是将其稽留下来，则执法人员依照唐律也会受到制裁。对于死刑的执行，必须经过三复奏程序，即在对死刑犯执行死刑前，要三次奏请皇帝是否立即执行。贞观初年，唐太宗李世民以“人命至重，一死不可再生”为由，曾经一度将京城死刑改为五复奏，但各州的死刑案件仍然用三复奏程序。如果执法人员没有经过三复奏或五复奏程序而将死刑犯处死，则执法人员将面临流刑的惩罚。死刑执行的时间限制在每年的秋分以后、立春以前。在这段时间每月的朔望日、上下弦（朔望两弦四相是根据月亮圆缺而定的）、二十四节气等，除了谋反、谋叛、谋大逆等需要奏决死刑的重大犯罪外，其他死刑案件，均不得奏决死刑。

为了保证司法审判的公正合法，唐律规定法官“出入人罪”应当承担刑事责任。“出罪”即重罪轻判或有罪不判；“入罪”则相反，是指轻罪重判或无罪判作有罪。犯有出入人罪的司法官吏，将根据其主观的故意或过失而承担相应的法律责任。唐代还确立了同职连署制，要求有关官员共同审判案件，共同承担错判的法律责任。这有利于官员之间互相监督，避免错判，并保证办案质量。

3. 监察制度

唐代的监察制度更为完善，且已经定型化。御史台是专门的监察机关，以御史大夫为首，职责是弹劾百官、参与重要案件的审理、监督府库的开支用度、对朝廷重大活动的礼仪进行纠察。御史台内设台院、殿院、察院三个分支机构。台院承担御史台在朝廷的主要职责，包括弹劾官吏，参加大理寺审判及处理皇帝交办的案件；殿院主要负责对朝仪的监察，包括对朝廷礼仪、皇帝出巡的礼仪监察；察院的主要职责是监察、纠弹尚书省六部，同时负责对地方州县官吏的监察。察院派往地方的监察御史，对各级官吏行使监察权的依据是“六察法”，其内容包括：监察官吏行使检查区域内户口是否增减、赋税是否公平、农业生产的好坏、地方治安状况的好坏等。谏议制度是唐代监察制度的一项重要内

容，唐朝设立了左右谏议大夫、左右拾遗、左右补阙等谏官，主要职责是对国家政策、法令的执行情况及皇帝勤政的情况进行监督、批评，甚至可以对皇帝本人进行规谏。谏议制度是封建国家进行自我补救的一种手段，既可以约束皇帝的恣意行为，也可以保证正常的统治秩序。

由此可见，唐律所确立的封建司法系统有序而规范，严谨而成熟，达到了相当完备的程度。这使得唐前期司法统一、执法严明，为唐政治经济的发展提供了强有力的法律保障。但是，唐朝后期，随着封建皇室统治的日益衰微和中央集权的削弱，在中央，出现了宦官擅政；在地方，出现了藩镇割据。种种因素，造成了随意立法、司法失控、执法混乱的局面，严重破坏了唐朝初期确立的集中统一、严密规范的司法程序，加剧了法令的废弛和刑罚的酷乱。

六、宋、辽、西夏、金司法制度

公元 960 年，赵匡胤发动陈桥兵变，夺取后周政权，建立宋朝，定都汴梁（今河南开封），史称北宋。北宋统治期间，与之并存的政权还有北方的辽国（契丹）、西北的西夏（党项），以及金（女真）国。公元 1127 年，金国入侵中原，宋王朝南迁至临安（今浙江杭州），史称南宋。

（一）宋朝司法制度

宋朝是在五代十国大分裂和唐百年藩镇割据之后建立的封建政权。起初，宋朝统治者深感分裂割据造成的灾难和威胁，并一直受到辽、西夏、金等少数民族政权的侵扰，民族矛盾十分尖锐，由此加剧了阶级矛盾和社会矛盾的尖锐化和复杂化。削弱地方势力、巩固国家统一、加强中央集权的努力使两宋时期中央集权的完备程度超过了汉唐。宋朝的法律制度基本沿袭唐朝，但因特定的政治经济形势，其法律制度具有鲜明的时代特色。其中，建立高度集权化的司法制度，便是宋朝专制主义中央集权基本国策的重要组成部分。

1. 君主集权的司法机关体系

首先，大理寺、刑部、御史台仍为宋朝中央的三大司法机关。大理寺为中央的最高审判机关，负责审理地方各州县上报的刑事案件以及京城百官案件，实行审判分离。刑部作为司法行政机关，同时负责复核大理寺所决断的全国的死刑案件。御史台继续负责监察。为了加强皇帝对三个机关司法审判的制约，公元 991 年，宋太宗在宫中增置审刑院，由皇帝指派亲信大臣或高级官员出任长官知院事，负责复核大理寺所裁断的案件，实际上是代表皇帝控制司法，削弱了刑部原有的权力。如此以来，全国各地上奏中央的案件，先送往审刑院备案，再交大理寺审理、

刑部复核后，再返回审刑院，由知院事或其下的详议官写出书面意见，最后奏请皇帝，由皇帝作出最终裁决。此外，宋初还增设了制勘院和推勘院等临时性的审判机构，负责审理皇帝交办的案件。中央的行政机构，如门下省、中书省、枢密院、三司也都有权参与审判权力。这种司法机构的多元性分散了司法权力，便于皇帝直接控制操纵，行使最高的终审权力。但是，机构重叠、职权重复，使得司法程序更加复杂混乱。因此，宋神宗时撤销了审刑院，将其职权划归刑部。

其次，宋地方政权分为路（府军监）、州、县三级。州县与唐时一样，知州（知府）、知县（县令）同时是司法长官，兼负责审理狱讼。县是诉讼的第一审级，有权判决杖以下案件，对徒刑以上的案件，则须将案情审理清楚，写出初步意见，报送知州、府，由州、府做出正式判决。宋朝对县级审判不够重视，设置的负责司法事务的属官比唐代还少，除知县或县令外，有些县只是县尉一人直接主持司法审判。由于人少事多，冤假错案不可避免。州、府是第二审级，有权判决徒刑以上案件，但对死刑案件做出的判决，必须上报提刑司复核；重大疑难案件报送刑部，由大理寺审议，甚至要经皇帝批准后，方可以执行。州、府还可以直接受理诉状。宋代州、府经办的案件数量多、案情重，职责重要，所以设置的官员比县一级多，并实行审判分离的制度。各路所设的提点刑狱司，是中央派出的代表中央监督所辖州县司法审判活动的机构，负责复查地方审判案件；如有疑难及拖延未决的案件，提点刑狱司可赴州县审问。州县已决的案件，如果当事人不服，则由各路提点刑狱司复推。提点刑狱司每年两次巡查州县，平反冤狱，监察地方官吏。另外，各州的死刑案件必须经过提点刑狱司复审、核准后方可执行。通过提点刑狱司的巡查活动，中央加强了对死刑判决权的控制和对一般审判活动的监督。宋朝时，皇帝还亲自介入审判活动。宋代皇帝亲自审录囚徒或下诏断罪比以往更为频繁，并且审录的时间从夏季延迟到冬季。由此，宋朝的录囚范围扩大，并经常化、制度化。这对于纠正冤假错案大有裨益。然而随着皇帝司法权力的无限扩大，使其个人权威凌驾于法律之上，破坏了正常的司法程序，更加速了宋王朝的灭亡。

2. 民刑有别的诉讼程序

宋朝刑事诉讼制度沿袭唐制，但其民事诉讼法律却比以往各朝代都更为细密。这表现在以下几个方面：一是规定了民事诉讼的受理时间。《宋刑统》规定每年农历十月一日至第二年的正月三十日，州县官府可以受理民事诉讼，其他时间不能受理；如果原来已受理的民事案件尚未审理完毕，可以延长审理到三月底。但三月底以后，不仅不能接案，也不能审案。限定民事案件的诉讼、审理时限，以免影响农耕。宋朝的民事争讼主要包括田宅、婚姻、债务三种类型。在诉讼、审理过程中，当事人的左邻右舍也可能被牵涉在内。为了不耽误农事，将这类案件的受理时间限制在农闲时节，这是宋代诉讼审判制度的重要发展，也体现了一个以农业生产为主的国家法律制度的特色。二是规定了民事诉讼的时效，超过时效的诉讼，官府不再受理。宋太祖时规定，对于因战乱远走他乡，返乡后认领田宅的，如果超过十五年，则官府不再受理；《宋刑统》规定，田地房屋分界纠纷，当时没有提起诉讼，事后因为证人死亡、契书毁乱而提起诉讼，如果此时已超过二十年，则官府不再受理；对于债务纠纷，如果债务人、保人已逃亡，超过三十年的，官府不再受理。南宋高宗时，对于买卖田宅依法律规定超过三年而后又发生纠纷的，也不予受理。时效的规定意在稳定依法已经形成的民事关系，维持社会秩序。三是规定了当事人对案件审判结果不服时，可以和刑事案件一样逐级上诉，但终审机关是中央户部。

3. 鞫谳分司的审判制度

鞫谳分司，简言之就是审判分离，是指由专职官员分别负责审与判的制度。鞫谳分司是宋朝审判制度的特色，从州到大理寺，都实行了这一制度。在中央，大理寺、刑部设有详断官（又称断司）、详议官（又称议司）分别负责审讯、法律适用。而后由长官审定断案。在地方，州府设司理院，由司理参军负责审讯人犯、传集人证、调查事实等审判事务；设司法参军，负责根据已经认定的事实检索有关法律条文，定罪量刑，在这些工作的基础上，最后由知州亲自决断。在这种制度下，检法断案的官员无权过问审判，负责审判

的官员又无法检法断案，两机关独立活动，互不通信。这有利于防止司法官员因缘为奸，保证了司法审判的公正。专门设置检法断案的官吏，也反映出宋代法律制度体系的庞大、复杂、难用的特点。

4.“翻译别勘”

翻译别勘是指犯人如果在录问或行刑时提出申诉，则案件必须重新审理。它起源于唐末五代，是为了防止冤假错案而规定的复审制度。宋代的“翻译别勘”分为原审机关的“移司别勘”和上级机关的“差官别推”两种。前者是指同级异司复审，即由原审机关将案子交由另一个官司复审。宋朝时从中央到地方各级司法机构中都设有两个或两个以上的法院，如中央刑部有左、右厅治事，大理寺有左、右推官。这种左右并列的机构设置，目的之一就是便于犯人不服伸冤时可以“移司别推”。后者是指原审机关必须将案子申报到上级机关，由上级机关负责差派与原审机关不相干的另外一个机关的官员重新审理。该差派的官员可以前往原审机关主审，也可以将案子移送到其他机关，由接受差派的官员负责审理。官吏在别勘时发现冤抑，还会受到嘉奖。同时，为了防止囚犯利用“翻译别勘”拖延时间，宋代沿用唐代的三推制度，在一般情况下，囚犯只要经过三次别推后，再翻异则不再复推，强行判决，南宋时又改为五推。

5. 检查勘验制度

在宋代的各种证据制度中，属检查勘验制度发展的程度最高、成果最大、最引人注目。法律明文规定了在哪些情况下，司法人员必须检验或不必检验，非正常死亡、囚犯在狱中死亡等都是必须进行检验的，以搞清是否为犯罪所致。除尸体勘验以外，活体也可以进行检验。检验必须经过报检、初检、复检三个程序：发生杀伤案件时，由地邻、地保等向官府报检；所在地的官府进行初检；再由上级或相邻州县进行复检。此外，检验时还要做笔录。同时，法律还规定了检验人员的组成及责任，检验人员要按照检验的范围、时间进行。检验时不得收受贿赂、徇私枉法，违反者以犯罪论处。

在这一时期，还相继出现了一些检验方面的著作，如郑克的《折狱龟鉴》、桂万融的《棠阴比事》、宋慈的《洗冤集录》等等，推动了法医学从单纯的经验

型向理论化的发展，使中国古代的法医学成为一门独立的学科。其中，尤以宋慈的《洗冤集录》最为引人注目。它的贡献主要体现为：一是提出了法医学鉴定的标准。该书提供了大量的鉴定实例，对许多容易混淆的死亡和伤亡现象的原因给出了比较科学的鉴定结论。二是对现场勘验所应注意的各种问题给出了说明。《洗冤集录》是中国历史上最早的一部比较完整的法医学专著，也是世界上第一部法医学专著。它不仅在后来的元、明、清各代享有盛名，而且还在明代时被译成朝鲜、日本、法国、英国、德国、荷兰等多国语言文字，广泛流传。而直到三百多年后，欧洲才有了法医学方面的书籍。

（二）辽国司法制度概况

公元916年，北方契丹族首领耶律阿保机自称皇帝，建立了军事封建统治。辽建国之初，正处于从奴隶制向封建制迅速过渡的阶段，受中原文化汉族文化的影响，其法律制度既带有奴隶制的痕迹，又有封建化的特征；既有本民族的习惯，又吸收了唐宋的某些法律制度，因而别具一格。契丹建国以前，司法事务由部落中的长老负责处理。太祖时设置了专职的司法官“夷离毕”，以及专门的司法机构“夷离毕院”；汉族地区则由州县官执掌司法权。圣宗时，实行分治，设南、北两枢密院，分别管理汉人和契丹人的军政事务，同时也是最高的司法机关。公元994年，又仿照汉制设大理寺，负责审理重大案件。从圣宗开始，契丹人犯法依照汉律定罪量刑，并由汉族官员审问。为防止汉族官员冤枉契丹人，兴宗时在上京、中京、东京、西京、南京各设契丹巡警使，专门审理契丹人犯罪。当然，即使巡警使审理案件，也是遵照汉法。

（三）西夏司法制度概况

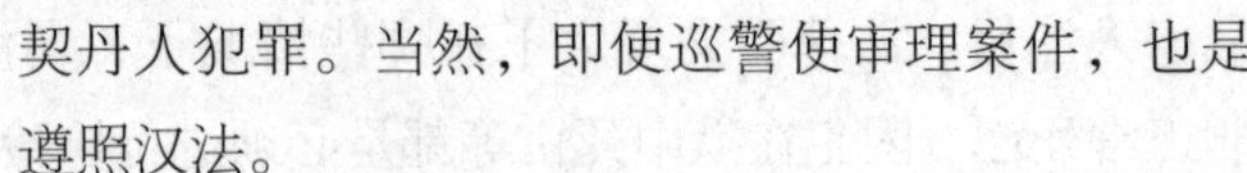

公元1038年，居住在西北地区的党项族首领李元昊称帝，建立了以党项族为主体的大夏王朝，史称西夏。党项族在隋唐时期尚处于原始社会，以本民族的习惯法为主。在与汉族文化交流的过

程中，仿效中原王朝，建立了自己的政治、法律、军事制度。特别是西夏王朝建立时，法制也进入了一个新的发展阶段。西夏的开国皇帝李元昊，深受儒家思想熏陶，曾经研习中原王朝的法律制度，重视立法建制，并使之成为传统。西夏的司法制度也经历了一个发展的过程。从党项族内迁以后，随着社会的进步和汉族法文化的输入，开始设置“和断官”，运用法律手段裁决争端。《天盛改旧新定律令》中规定了陈告司、审讯司等司法机关的职责，以及有关刑事诉讼程序和司法官的法定责任。西夏法律也允许司法官拷讯犯人获取口供，还有对监狱官吏的各项规定。

（四）金司法制度概况

金人亦称女真人，居住在东北地区，公元1114年，女真完颜部为了摆脱辽的压迫和勒索，在首领阿骨打的率领下，起兵抗辽，并取得胜利。1115年，阿骨打正式建国称帝，定国号为金。金在进入中原以前仍然处于奴隶制阶段，使用本民族的习惯法。阿骨打建立金国后，在一段时间内仍然如此。后来，随着统治疆域的逐渐扩展，金取代辽和宋在北方的统治，逐步完成了封建化的过程，在法制上出现了辽、宋法律与金习惯法并存的局面。金太宗时开始立法改制，熙宗即位后，逐步采用汉律来统一金的法律制度，改变了多种法制并存的状况。由于金的统治区域迅速扩大到大半个中国，汉族成为主要的统治对象，所以金的司法机关一开始就采取了汉族封建国家的司法体系，中央司法机关设有大理寺、刑部、御史台，御史台下设有“登闻鼓院”“登闻检院”。在地方司法机构中设有路提刑司，后来又改为按察使司，执掌司法。州县仍由行政长官兼理司法事务。

七、元、明、清司法制度

(一) 元朝司法制度

13世纪初，蒙古族各族结束了内部纷争，在领袖铁木真的领导下实现了统一，建立了蒙古汗国。铁木真被尊为“成吉思汗”，即拥有四海的皇帝。蒙古国建立以后，便开始了拓展疆域的南征北战，先后灭掉了西夏、金、南宋。公元1264年，将统治中心从上都（今蒙古多伦附近）迁至燕京（今北京）。公元1271年，成吉思汗的孙子忽必烈建立元朝，并于1279年最终统一全国。

蒙古国时期，尚未形成系统的司法制度，实践中既无固定的司法机关，也无稳定的诉讼审判程序。建元后，在民族传统习惯、宗教信仰的差异和阶级矛盾的交相作用下，逐渐形成了多元化、复杂化的司法体制。元朝统治者将中国境内的居民分为四等：第一等是蒙古人，第二等是色目人，第三等是汉人，第四等是南人。司法审判权因不同的对象，由大宗正府、刑部、御史台、宣政院等司法机关分别行使。元朝的司法机关系统紊乱，与唐宋相比，是一种历史的倒退。但这一时期的诉讼与审判制度有所发展，“诉讼”已作为专篇出现在法典之中，并规定了较为严格的诉讼制度，表现出诉讼法与程序法分离的趋势。

1. 司法机关体系

首先，元朝的中央司法机关，由大宗正府、刑部、御史台、宣政院等组成。

元朝以大宗正府取代大理寺成为中央审判机关，由蒙古王公掌管，专门审理蒙古王公贵族的犯罪案件。具体而言，大宗正府的职责包括以下两个方面：一是管理诸王公、驸马、投下（一种官衔）、蒙古人、色目人的刑名词讼事务；二是对汉人的奸、盗、诈伪、蛊毒厌魅、诱拐逃亡驱口（男女奴隶的统称）等负有审理职责。大宗正府在元朝具有十分重要的地位，和前代的大理寺不同，它与刑部没有隶属关系，地位与中书省、枢密院并

列，不受御史台的监督检查，司法审判完全独立进行。刑部既是元朝的中央司法行政机关，又是最高审判机关，“掌天下刑名法律之政令”。这一时期，刑部的职能大大超过唐宋，其下不设分司，重在强调司法的功能；同时，刑部还附设监狱。蒙古贵族、僧侣、军官的犯罪案件则均不归其管辖。因此，虽然刑部的职权范围扩大了，但同时也受到最高权力的限制。

宗教在元朝受到特别推崇，僧侣们被赋予种种特权。这使僧侣飞扬跋扈、强占民宅、奸淫妇女、侵夺财物、强占民田之类的事情时有发生，甚至将一般的贵族、官僚也不放在眼里。在这种情况下，元朝设立宣政院作为全国最高宗教管理机关与宗教审判机关，专门负责审理重大的僧侣案件和僧侣纠纷。但僧人除犯有奸盗、诈伪、殴伤人命等罪归司法机关审问外，其他一般案件，都由寺院审理。为了保护僧侣的特权，由地方官审理的涉及僧侣的案件，必须上报宣政院。

同时，元朝统治者为了控制宣政院的审判权，诏令御史台参与、监督宣政院的司法审判，并有权惩治宣政院官的徇私枉法行为。此外，其他一些国家机关也握有一定的审判权。如掌管宫廷执事的中政院，兼理内廷官吏案件的审理。元朝还在蒙古驻军所在地和军户所在地设立由枢密院统辖的“奥鲁”，负责审理属下军户的斗讼、婚田、钱债、私奸、杂犯等诉讼。其余有关人命、强盗、窃盗、防火、私印假钞等死罪案件，则由奥鲁与有关司法机关一起审理。

其次，地方司法机关。元地方政府分为行省、路、府（州）、县四级。行省是地方的最高政务及司法机关，享有司法审判权。与它同级的是行枢密院和行御史台，前者负责军人的司法事务，后者所设肃政廉防使司有权监督各路司法，处断官吏犯罪，审覆民间冤案。路是一级重要的地方机构，设有总管府。达鲁花赤是最高行政长官，负责司法审判的具体事务，同时握有审判的批准权和上报权。总管府设有推官，专门负责刑事审判事务。军人的司法事务则由“奥鲁”官府管理，不受路或府州县的统辖。此外，路一级还设有僧录司，负责僧尼词讼。如果地方军民、僧侣间发生重大案件，通常由这些机构共同审理。由上述机构共同审理军民、僧侣之间发生的重大争讼。由此以来，路一级存在多重的

司法机构。州、县的设置，大致与路相似。元朝地方司法机关的审判权限是杖罪以下的案件，而徒、流、死罪要由司法监察机关复审后，再审奏刑部作最后裁决。

元代的司法机关受蒙古贵族、地主的控制、垄断。上层司法机关，如宗正府、刑部、御史台以及各道的提刑按察司的长官都以蒙古人为主，而汉人最多为副职。御史大夫更是非蒙古贵族不授，各地方司法大权也掌握在蒙古人手中。

2. 诉讼审判制度

元朝诉讼制度在法典上独立成篇，这在元以前的法典中是没有的。它不仅对民事诉讼与刑事诉讼、实体法与程序法作出了初步分离（如对民事诉讼的当事人一般不予羁押，军官、巡检、出使人不得接受民词，推官专管刑狱，正官专理词讼等），而且还规定了严格的诉讼制度（如代诉和“诉状”的格式等）。

首先，告诉、管辖制度。这一时期的诉讼仍然区分自诉和官府纠举两种方式。仿效唐宋，元代对自诉主体的诉权做出种种限制。奴婢、雇佣者除主人犯恶逆侵害自身允许告诉以外，其余不得告诉，违者处杖刑，甚至死刑。同时，对妻子告丈夫、子女告父亲的案件也是严厉禁止的。元朝允许逐级上诉，但不得越级上诉（但如果主管官吏收受贿赂、徇私枉法，则可以越级上诉，且不以越诉论处）。为标榜仁政，元代承袭前代的上诉制度，在中书省设立登闻鼓，允许有冤情的当事人击登闻鼓申诉。元代的司法管辖，除了地区管辖外，还有因民族、职业、户籍、身份、信仰等不同而设置的专门管辖。如关于僧侣、军人、蒙古人等的案件，一般都由专门机关管辖。当不同户籍、民族以及僧侣之间发生刑名诉讼时，就由政府将有关户籍的直属官员请来共同审理。这就是所谓的“约会”制度，它只适用于轻微的刑名词讼。

其次，审判制度及法官责任制度。元朝法律对审判程序有详尽的规定：一是除了重大案件外，一般不得在夜间询问被告；拷讯囚徒，必须经过主管官吏立案后，按规定施行；任意用刑致使被告伤亡的，主管官吏将承担刑罚。二是禁止司法官以搜集书证、进行尸检为由任意抄没民宅。三是“恤囚”制度在这一时期也所发展，轻重囚犯、男女囚犯分别关押，医治有疾病的囚犯，有严重疾病的囚犯可以免带枷锁。如果不分轻重缓急，或

因治疗不及时导致囚犯死亡或伤病，则主管官吏要承担刑事责任。元朝法律规定了司法官吏的审判回避制度，如果审判、听讼官吏与当事人有亲戚、姻亲、师友、同僚关系，或与当事人有仇隙，则其在审判时应该回避。对于故意出入人罪的，要受到严惩；过失出入人罪的，也要面临相应的处罚。对于官司拖延审判，或因为法官意见不一且没有及时向上级报告的，由监察御史及廉访司对有关人员进行纠治。

最后，民事诉讼制度。由于经济的发展和民族交往的频繁，民事纠纷日渐增多。为了适应形势发展的需要，元朝民事诉讼有了一些新的发展：一是诉讼代理的范围有所扩大，元律规定，对于 70 岁以上、15 岁以下、有疾病的人的诉讼，可以由少壮人代理。元代的代理制度，更多地运用于田宅、婚姻、继承等民事诉讼案件之中，但不仅限于民事诉讼。二是对民诉采取不告不理的原则。三是广泛地运用调解，包括司法机关的调解和民间调解。民间调解由县以下设置的社长负责。调解的结果对当事人具有法律效力，当事人一般不得再以同样的事实和理由提起诉讼。

然而，虽然元代法律规定了较为详尽的诉讼审判制度，但由于统治者“任意而不任法”，这些规定往往成为一纸空文。实践中，司法官员知法犯法、贪赃枉法、滥施酷刑、杀戮无辜的现象十分普遍。

（二）明朝司法制度

元末的残暴统治导致了全国范围内的农民起义，公元 1368 年，红巾军领袖朱元璋在南京称帝，建立明朝，定都南京，年号洪武。从此，拉开了明朝封建统治的帷幕。同年，朱元璋开始北伐中原，推翻元朝统治，最终统一全国。明朝统治中国长达 276 年之久，是中国封建社会后期的一个重要王朝。明初统治者总结历代王朝兴衰的经验教训，采取了一系列发展生产与巩固专制主义中央集权的政策，使明朝的统治得到稳定，农业、手工业和商业迅速发展，文化和科学技术不断进步，达到了封建社会所能达到的高峰。明朝中叶，东南沿海地区出现了资本主义生产关系的萌芽，西方的科学文化开始传入，反封建的启蒙思想越来越活跃。这预示着封建社会已经走向衰亡。

明朝法制上承唐宋、下启清朝，是中国封建社会后期的典型代表。这一时期的法制虽不如唐律影响深远，但它是清朝制定法律的蓝本，并对同一时期日本、朝鲜的法律制度产生了直接影响。但应该指出的是，中国古代法制是在封闭的环境中独立形成、发展的，同样，它的没落与腐朽也是在封闭的环境中进行的，这是封建专制制度本身所决定的。明律虽然包含着反映社会发展要求的某些新内容，但本质上仍然是完整、纯粹的封建法典，在某些方面甚至落后于七百年前的唐律。如复活肉刑（创立于夏商时期），采取刑罚的威吓与报复，听任长卫干预司法等，这些都是专制制度极端发展带来的必然结果。而恰恰是明朝专制制度的极端发展，扼杀了16–17世纪刚刚出现的资本主义生产关系的萌芽，是中国封闭和落后的原因所在。在这一时期，司法制度出现了一些新的变化。

1. 司法机关的变化

首先，明代中央司法机关由刑部、大理寺和督察院组成，合称“三法司”。刑部是中央审判机关，原设四司，后来又扩充为十三清史司，分别受理地方的上诉案件，以及审核地方的重案和审理中央百官及京师地区的案件。刑部有权处决流刑以下的案件，但定罪以后，须将人犯连同案卷送往大理寺复核后，奏请皇帝批准。大理寺是复核机关，凡是刑部、督察院审判的案件，都必须将案卷和人犯移送大理寺复核。如果大理寺认为判决得当，则允许原审机关行刑；反之，则驳回改判。都察院是原来的御史台，是中央监察机关，有权监督刑部的审判和大理寺的复核、驳令。洪武十七年，为了增强司法审判的公正性，重大案件实行刑部、大理寺、督察院三法司联合审判，即“三司会审”。会审后作出的判决，还要经过皇帝的批准。

其次，明朝的地方建制为省、府（州）、县三级。省一级设有提刑按察使，专管司法审判事务，有权处决徒刑以下案件，徒刑以上重案要报送刑部。府（州）、县二级的司法权仍由行政机关兼理，由知府、知县等地方行政长官审理争讼纠纷。明朝还在各州县及乡里设立申明厅，它对民间争讼的解决方法以调解为主。明朝采取了军户、民户分别治理的体制，因而军户的诉讼与司法管辖由专门的军事司法机关负责。但如果军户犯的是人命案件，则要由军事司法机关与地方或中央司法机关一起审理。

2. 会官审录制度

明朝的审判制度比元朝有更大的发展，突出表现在创立了一套会官审录制度，即对疑难、重大案件以及死刑复核案件进行会官复审。会官审录制度主要有三司会审与圆审、朝审、大审、热审四种。首先，三司会审和圆审。三司会审是指凡是重大、疑难案件，都要由三法司长官（刑部尚书、大理寺卿和都御使）共同审理，称为“三司会审”，最后由皇帝裁决。对于特别重大的案件，或经过反复审判而人犯仍不服的案件，则由皇帝诏令三法司长官，会同吏、户、礼、兵、工五部尚书和通政使等九卿会审，称为“圆审”，但判决结果仍要奏请皇帝批准。其次，朝审是指对已决在押囚犯的会官审理，由三法司和公、侯、伯等在每年霜降后对大案重囚共同审理。朝审是古代录囚制度的延续与发展，清代的秋审和朝审制度就发端于此。再次，大审是指由皇帝委派太监会同三法司审录囚徒的制度，每五年举行一次。最后，热审是指在每年暑天小满后十余日，由太监会同三法司审理囚犯，一般轻罪，决罚后立即释放；徒流罪减轻发落；可疑重囚的处理则要听凭皇帝的旨意。会官审录制度，有利于皇帝对司法活动进行控制和监督，以及避免或纠正冤假错案。

3. 厂卫干预司法

厂卫干预司法活动，是明朝司法制度的一大特点，也是极端君主专制在法律制度上的表现。厂，包括东厂、西厂和内行厂，是由太监组成的特务机关，专管缉访谋逆、妖言、大奸恶等重案。卫，即锦衣卫，皇帝最亲信的一支亲军，主要职责是掌管皇帝出入仪仗和警卫事宜。从朱元璋开始，锦衣卫以兵兼刑，掌握了缉捕、刑狱的权力。明朝从未规定过厂卫的职责，但是厂卫特务从事缉捕、审判，涉足司法活动的各个环节，实际权力远在三法司和其他中央机关之

上。比如，厂卫从事缉捕、监视活动，它所派出的密探“番子”“缇骑”遍布全国，无孔不入，无论官民公私的大小事务都在特务的监视范围之内。得到情报后，即可直接送入宫中，而且有任意行使刑讯拷打的权力。

厂卫直接参与司法审判，官府会审狱案和锦衣卫北镇扶司拷讯重囚，厂卫都要派人监视，称为“听记”。厂卫还可随时到各官府、城门访缉、查讯、称为“坐记”。厂卫还自设特别法庭，任意刑讯问罪，假造证据、严刑逼供之事屡屡发生。厂卫和镇扶司所使用的刑罚也大多是法外之刑，残忍异常。在这种极端恐怖下，百姓官员人人自危，不敢多言。厂卫特务组织干预司法，是封建君主专制极端发展、统治者滥用权力的结果。

（三）清朝司法制度

公元1616年，清太祖努尔哈赤建立后金政权，定都城赫图阿拉（今辽宁新宾县境内）；清太宗皇太极时改国号为清；1644年，顺治皇帝入关，迁都京师（今北京）。由满洲贵族建立的清王朝是中国历史上的最后一个封建王朝，1911年灭亡。

1. 1840年以前清朝的司法制度

清朝是中国封建社会的末代王朝，在历经近两千年的发展之后，封建法制辗转相承，相当完备。表现在司法制度上，程序完备、审级严格，会审和死刑复核进一步制度化、法律化。

(1) 司法机关体系

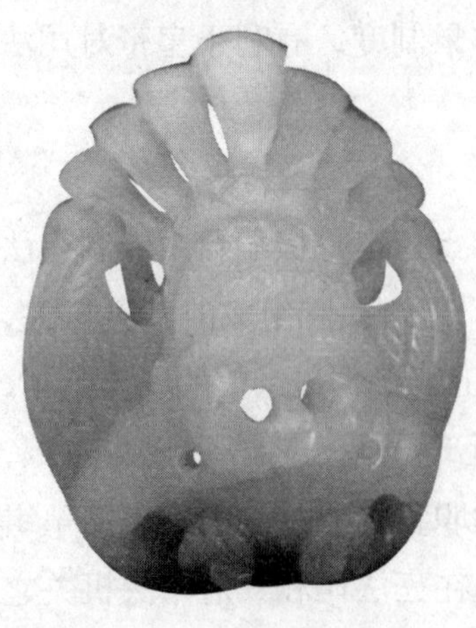

首先，与明朝相同，清朝的中央司法机关也由刑部、督察院、大理寺组成。三法司是既听命于皇帝又互相制衡的中央最高司法机构。但三法司的职权受到更大的限制。刑部设立于入关前的皇太极时期；入关后，刑部成为全国的最高司法审判机关。刑部的长官为尚书和侍郎，统称为“堂官”。在刑部之下，设有十七省清史司，分别掌管各自省内的司法审判事务。十七司之外，还设有秋审处、律例馆、提牢厅等机构。刑部额定

编制的官吏有四百多人，是六部中官职最多的一个部。刑部的主要职责是核拟全国死刑案件，办理秋审、朝审，审理京师地区的案件，批结全国军流遣罪案件，主持修订律例及司法行政事务。督察院也设立于清入关之前，以左都御史为主官，满汉各一人。督察院的主要职能机构有六科、十五道、五城察院以及宗室御史处和稽查内务府御史处等。十五道分管有关省份的刑名。五城察院稽查京城地区治安，也受理词讼。作为三法司之一，督察院与刑部、大理寺共同复核、拟议全国的死刑案件，并作为“九卿”之一，参加“秋审”和朝审。顺治元年设立大理寺，作为平反刑狱的机关，其长官为卿、少卿。大理寺的职责主要是受理复核京内外刑案，复核死刑案件有无冤错，参加朝审、“秋审”。

其次，地方司法机构。清朝地方行政机构的设置分为省、道、府、县四级。司法仍然从属于行政，地方各级行政长官同时也是该地方的司法官。县作为基层政权组织，自秦汉以来历代没有变化。但清朝同时在一些重要的地方设州，在一些边远少数民族地区设厅，其地位与县大致相等。清时全国共有县、州1500个左右。州县是第一审级，对民事案件和轻微的刑事、治安案件可以全权管辖，但必须在20天内完结。州县有权审理处以笞刑、杖刑、枷刑的刑事案件。对涉及人命、强盗等应判处徒刑及徒刑以上的刑事案件，州县只有侦查和初审的权力。清朝在全国设府80多个，府是州县的上一审级。府主要负责复核州县上报的刑事案件，复审州县押送来的人犯，查核有无翻供，查验人证、物证，审查州县的上报案卷是否有错谬，州县的“拟罪”是否妥当。如果没有异议，则做出自己的“看语”（即本级的拟罪意见），再上报省按察司。府还负责受理军民百姓不服州县裁判的上诉和申诉。

按察使司，又称臬司，主管一省治安及保甲，以及审理案件。具体而言，其司法职责包括审理督抚、藩司、学政、提督及本司等衙门内部人员的轻微刑事案件，审理所属州县上诉的民间词讼，复核上报的徒刑案卷，以及对军流、死刑人员进行复审。此外，按察使司还主办全省“秋审”事务、官吏狱政。清

律规定每省设一巡抚，两三省设置一总督，有的总督又兼任巡抚。按察使司虽然总理全省刑名事务，但督抚才是全省的最高审级。督抚的司法职能是督促、查檄地方终审；批复按察使司复核无异的徒刑案件，复核按察使司对军流刑的案卷看语，如果没有异议，则上报刑部，听候批复。对死刑案件，由督抚进行复审，做出看语，上奏皇帝，并抄写副本送督察院、大理寺。

在司法机关体系中，还专门设立了审理旗人（旗是满族的一种编制，类似于什伍组织，共有八旗）案件的机构。如内务府所管辖的满人诉讼，由其属下的慎刑司审理，徒刑以上移送刑部，有时也奉旨审理皇帝交办的案件。在外省的满人诉讼，由满洲将军和副都统审理，流刑以上案件则须申报刑部。盛京地区的满人诉讼，由盛京将军及各部府尹一同审理。有关八旗民事、地面案件，如果八旗都统衙门审断不公，可以上诉户部，由户部现审处处理。各省发生的旗人命盗重案，由理事厅与州县一起审理，而州县官无权单独对旗人做出判决。至于贵族宗室的诉讼，归宗人府审理。

(2) 刑事诉讼与审判制度

首先，逐级审转复核程序。清律沿用了五刑（笞、杖、徒、流、死）制度，法定五刑反映了刑事犯罪的程度。州县拥有对笞、杖刑的审决权；对于徒、流以上的案件，特别是死刑等重大案件，有一套严密的逐级上报的制度。清律规定，应拟徒刑的案件，由州县初审，依次经府、按察司，直至督抚，逐级复核。督抚有权对徒刑案件作出判决，只是要按照季度报刑部备案。由刑部相应的各司核拟案卷，而后呈送刑部堂官批复后，再批复各省执行。对于已判决徒刑的罪犯，发往省内指定州县服刑。流刑及军遣案件，刑部批复后即可执行，年终由刑部向皇帝汇报，以备监察。死刑案件在执行上有“立决”和“监侯”两种。立决即强盗首犯、谋反、大逆等严重犯罪一经皇帝裁决，则立即执行死刑。案情较为严重的人命、强盗两大类死刑案件只要批复下达，多数也立即执行。监侯（即现在所说的缓期执行），是指对于应判死刑的犯人，在次年秋审时定其生死。属于这种情况的多是案情较为轻微的人命、盗案件以及其他死刑案件。京师的死刑案件，由刑部直接审理，并以题本的形式上奏皇帝，而后由三法司对案卷进行

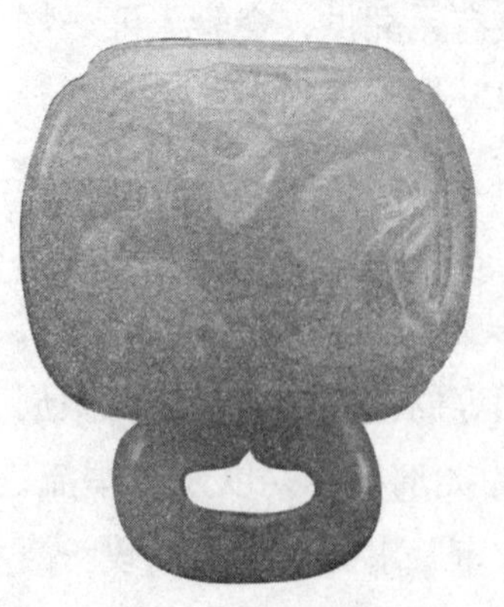

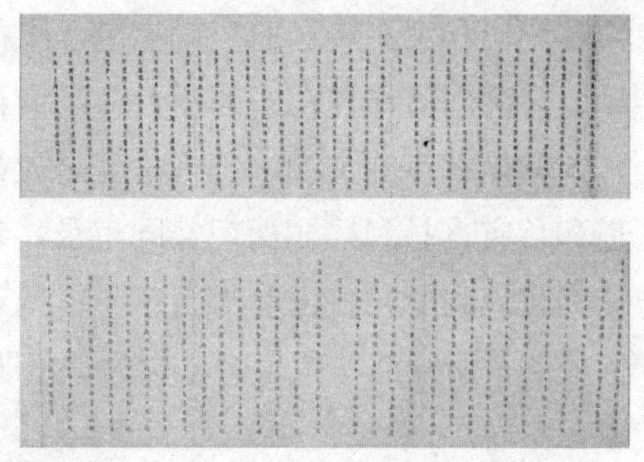

复核。死刑案件执行完毕，要向上申报备案。监候案件则由初审州县将人犯管押，等候秋审。由上可知，清代地方司法审批制度中，每一级都将不属于自己权限范围内的案件逐级上报，层层复审，直至有权作出判决的审级批准后才算终审，这就是“逐级审转复审制”。

其次，刑讯与证据制度。刑事审判活动的核心是认定犯罪事实，并据此对案件作出判决。因此，证据在刑审中具有十分重要的地位。为取得证据（特别是口供），清代允许刑讯。但对刑讯种类以及适用机关有严格的规定。常规的刑讯手段有笞、杖两种，此外还有枷号、夹棍、拶（指一种用拶子夹手指的酷刑）等加重的刑讯，也为法律所认可。但只有三法司和各省督抚、按察使司和州县的正职长官才有权动用后两种刑讯。州县审理自理案件时不能使用夹讯；如果初审时用过夹、拶，则要报上司“察验”。同时，清律规定“老幼不拷讯”，对于年过70、不满15或有疾病的人，审判时不能用刑。如果司法官因一己之私而对犯人进行拷讯并将其致死的，则会受到严惩，处以斩监侯。其他刑讯致死囚犯的，也有不同的处分从杖一百到流放三千里不等。但是，如果囚犯是受刑之后死亡，或因为疾病发作而死亡的除外，这无疑给司法官滥用刑讯提供了法律依据。

清律对刑事审判中的证据也有一些规定，如尸格（验尸报告）、赃证、失单等都是审判的重要依据。此外，证人证言、被害人陈述也是重要的证据。但是在所有的证据种类中，被告人口供是最重要的一种，口供是定案的关键，也是结案的必要条件。否则，其他证据再充足，也不得结案。为此，先由书吏招供录写，当堂阅读，原告、被告共听，如果没有异议，再由被告画供。清律还规定，官府在审判案件时，应该依照当事人的状子中所记载的诉讼事由进行审问，不得询问与诉讼事由无关的问题，以免出入人罪。

再次，秋审制度。秋审，是指在每年的秋季进行对各省斩监侯、绞监侯案件的复审，它发源于明代的朝审制度，在康熙十二年时正式确立。秋审时，先要由臬司负责核办案犯的招册。在此基础上，由各州县对监侯囚犯一一进行审录。审录主要是为了核实案情，以便将犯人分为情实、缓决、留养承祀等几类，

再将招册和案犯转送府、司审录。臬司将州县招册核办后，拟出个案的看语定稿，并会同藩司及在省的道台共同商议定案，再将拟稿上报督抚。臬司的审录和定稿是秋审的关键，犯人是生是死都以此为基础。督抚接到定稿后，即率司道和首府首县到臬司衙门共同审录。乾隆时，督抚会审改在巡抚衙门进行，总督则轮流到所辖各省参加会审。督抚对本省的秋审案件审录完结以后，将转录而成的黄册缮造奏报皇帝，称为“汇题”。汇题由刑部秋审处、堂官等具体负责审核案卷。

之后，由九卿组成的会审大典开始，为时一天。会审时，先以各省秋审案件起数，按照情实、缓决、可矜、留养承祀的顺序，逐案唱报。遇到九卿有异议的地方，则改成朗诵，以便在场的九卿商榷。九卿等商议既定，即将情实、缓决、可矜、留养承祀各犯分拟具题，等皇帝裁决。会审大典后，由刑科给事中将会审的情实案件向皇帝复奏，待皇帝批复、勾决后，即可执行死刑。清代对京师重犯沿袭明制，实行朝审制度。朝审先于秋审一天举行，在程序上与秋审不同，它基本上由刑部审录确定，向皇帝具题，不经会谳。朝审后处决犯人时，由刑部侍郎一人会同刑科给事中共赴法场遵旨监督执行，刑毕复命。秋审和朝审在中外法制史上是较为独特的，它既能收到统一适用法律、准确打击犯罪的震慑效果，又宣扬了统治者的恤刑德政，还保证了皇帝对最高司法权的控制，可谓一石三鸟。

最后，司法官的责任制度。清律也规定了司法官责任制度，对诉讼审判活动中的各个环节都有明确的限制和责任要求。各级官吏对于律例必须察其字义、辩其名称，方可以定罪量刑。为此，要求百司官吏都能讲读和应用律令。如果利用职权挟诈欺公，妄生异议，擅自更改变乱成法，则从重治罪。清朝时，通过司法监察从中央到地方，因为不能审出实情、引用法律不当、出入人罪而受到处分、惩办的案例不在少数。但是科举出身的地方官，往往缺乏律例知识，因而才出现了幕吏擅权的弊端，加之清代司法监察体制对督抚大员缺乏应有的监督，司法腐败在所难免。

(3) 民事诉讼与审判制度

首先，诉讼制度（管辖、起诉、受理）。清律规

定，一般主体的普通民事案件，如户婚、田土、钱债、斗殴、赌博等，均由事发地方州县管辖。宗室觉罗之间因继嗣、宗籍、婚姻而发生的民事争讼，采取特别管辖制度，由宗人府和户部共同审理。旗人之间与旗民之间发生的民事争讼，也各有不同的管辖。在京旗人之间的田土案件，先向该佐领处呈控，如果不为查办，可以向户部及步军统领衙门上诉。各省驻防旗人之间的地亩案件，可以就近在将军都统衙门审理，随着民事案件的增多，一般由理事厅受理。至于地方旗民之间的民事案件，一般由所在州县管辖。军人之间的民事诉讼，由各自管军衙门自行审理。军民之间的民事诉讼，由管军衙门与州县一起审理。少数民族之间的民事案件，则依照《蒙古律例》《回疆则例》等民族立法处断。

原告起诉时必须呈递符合程式要求的诉状。诉状的字数限制在140字以内；内容必须包括案发时间、案情梗概、被告姓名住址、代书姓名住址等；凡是起诉田园、房屋、坟墓、钱债、婚姻的，要同时呈递契券、绘图、婚书、行单等；代书诉状不得增减事实。州县衙门对于民事案件受理与否，既要依照律例，又要依照证据，一般反对轻下批词。在受理的日期上也做出了更加明确的规定，一般在每年的四月初一到七月三十日。民事诉讼案件虽然只涉及民间细事，但如果这些细碎纠纷得不到及时解决，也会酿成事端，影响生产，危害安定。因此，清律在严格规定了州县无故不受理民事案件的法律责任的同时，为了防止州县借故推脱，玩忽职守，还建立了一系列的监督制度。起诉案件受理后、庭审之前，原被告双方愿意接受调解或自行和解的，则可以撤诉，官府准许销案。

其次，审判制度（审理、证据、调解、判决、执行）。民事审判也采取就问方式。凡准予受理的民事案件，由州县官吏签发传票，唤被告到庭，或一并传唤证人。同时，查验证据，必要时进行实地勘测、调查。对于争议中的财产，如租谷、牲畜等，可以因当事人的申请，而由官府采取保全措施，至案件审结后再判归应得之人。由于民事案件不同于刑事案件，因此很少拘提、逮捕、监禁被告，最多是看押。民事审判中的回避、代理制度、约会制度在清律中都有了不同程度的发展。在提起民事诉讼时也需要提供一定的证据。在审理过程中，不仅要验证证据的正确性，有的还需要进行实地勘查，收集新证据，以便对事

实做出正确的判断，但清代私改证据提供伪证的事情经常发生。

宋朝以来，调解息讼产生了良好的社会效果，因而也受到清朝统治者的青睐。调解主要有州县调解（官府调解）和民间调解。此外，还有宗族调解和乡邻调解。但调解的范围是民间案件和轻微刑事案件；调解时要依据国法；并且调解者不能从中渔利。民事判决在清朝成为“堂断”或“堂谕”，就种类而言，主要包括确立或解除法律关系的判决，确认某一事实的判决，要求被告或双方履行民事义务的判决。在历史悠久、地域广阔、民族众多的中国，审理民事案件除依据法律外，还要依据伦理道德和宗族习惯、宗教习惯等。清代民事案件实行一审终审制，州县判决后，即可当堂执行，既没有专门的执行机构，也没有专门的执行程序，而且无需通禀或通详上级衙门。只是原被告要保存案卷，以免日后翻异。对于拒不执行的判决者，施加笞杖之刑、并加以监禁。当然，债务纠纷往往由于债务人无力偿还而使判决的执行受阻。

此外，清律中还规定了上诉制度。自愿接受州县判决的当事人，如果不服州县的判决，也可以逐级上诉府、道、省，直至京城，没有审级的限制，但不允许越级上诉。

最后，少数民族地区的司法制度。在清朝统治期间，中国作为统一多民族的国家得到了进一步的巩固与发展。清朝对少数民族地区的司法管辖的深入，是历代所不及的。《大清律例》规定，凡属于中华民族大家庭中的少数民族，一律适用大清律，以示国家法制的统一。理藩院是清朝初期设立的八大衙门之一，既是管理蒙、藏、回、苗等民族聚居地区的最高国家机关，同时又负责这些民族所在地区的上判审。理藩院专设理刑司负责对少数民族罪犯的审判。但理藩院受理的涉及流刑的案件，要会同刑部一起裁决。死刑也要经过三司会审。少数民族地区的民事案件和轻微刑事案件，由各族的族长自行审理。如果当事人不服，可以向理藩院上诉。

2. 晚清（1840—1911 年）司法制度

1840 年的鸦片战争，外国侵略者用坚船利炮打开了中国的大门。自此，直到 1911 年清王朝覆亡的晚清时期，一方面，外国列强通过一系列不平等条约（如《南京条约》《马关条约》《辛丑条约》等）攫取了中国的政治、经济、司法特权；另

一方面，开明地主阶级和资产阶级革命派中的有识之士如林则徐、魏源、严复等人认识到应该“开眼看世界”，主张学习、引进西方先进的科学技术和政治、经济、法律制度。因而，这一时期出现了法制观念的更新，如由盲目排外到中体西用、由维护三纲（君为臣纲、父为子纲、夫为妻纲）到批判三纲、由专制到主张共和、由人治到主张法治、由司法与行政不分到司法独立、由以刑律为主到诸法并重等。

为了巩固风雨飘摇的封建统治、拉拢新兴的资产阶级势力以及迎合外国列强的要求，晚清统治者在司法制度方面进行了一系列的改革。

首先，在司法机关方面，将原来的刑部改为法部，作为司法行政机关，专门管理监狱、执行刑罚等，并负责部分司法审判。将大理寺改为大理院，作为全国最高审判机关；在其下设置民刑庭，并设置推事和庭长组成合议庭进行审判。地方分别设立高等审判厅、地方审判厅和初级审判厅（天津在中国历史上最早设立了高等审判厅和地方审判厅）。

其次，在司法制度方面，仿照西方，进一步区分了刑事诉讼审判制度和民事诉讼审判制度。前者具体规定了刑事案件的第一审程序、第二审程序和复审程序，还废除了刑讯逼供制度；后者规定了民事案件的普遍审判程序、第一审诉讼程序、第二审诉讼程序、上诉程序、再审程序和特别诉讼程序。同时，这一时期，不仅制订了商律、公司律等实体法，还制订了程序法。

然而，遗憾的是，在面临内忧外患的晚清，这些司法制度往往有名无实，形同虚设。

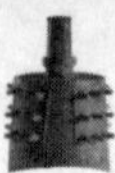

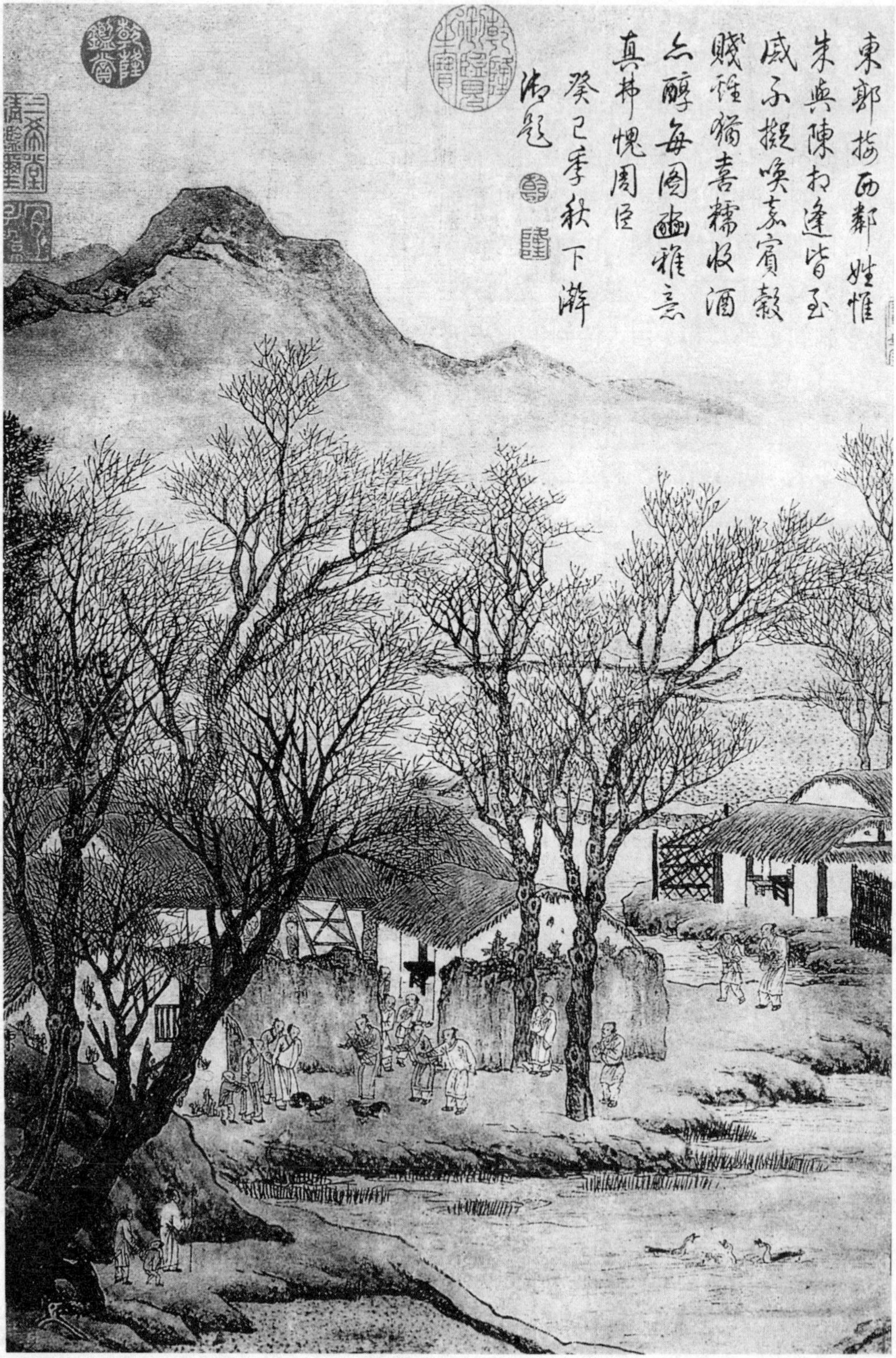
東郭接西鄰姓惟
朱與陳相逢皆至
戚不擬喚嘉賓穀
賤猶喜糯收酒
亦醇每圖幽雅意
癸巳季秋下澣
御題

中国古代赋税徭役

中国古代赋税徭役制度指的是历代王朝为巩固国家政权而向人们征收财物、调动劳动力的制度。我国赋税制度起源较早，据文献记载，早在夏代就有征收赋税的记录，西周时税法已比较完备，由此贯通整个古代史直至清朝灭亡，中国古代赋税制度的沿革才正式终结。

一、汉代之前的赋役演变

（一）春秋之前

从夏、商一直到西周，赋税大多以贡、赋这两种形式存在，其实质就是统治阶级直接占有生产者的劳动产品。比如，商代臣民向国君进献的财物称为土贡，西周土贡有皮帛、宗庙之器、绣帛、木材、珍宝、祭服、羽毛等九类，称作九贡。

1. 西周之前

根据有关文献记载，夏、商、周三代都是定额贡纳制度，征收标准是若干年农业收成的平均数。根据多数历史学家的意见，这个征收的额度应该是十分之一，也就是著名的“什一税”。“十里抽一”这个比例在古代中国持续了很久。

根据一些出土的文物和史料可以知道，商朝的贡纳关系包括“外服”和“内服”两种，二者有较大差别。所谓“外服”，是一些臣服于商政权的部落，如侯、甸、男、卫等，对以商为中心的国家或部落联盟首领所进献的贡纳。这种贡纳没有固定的数量和期限，只是一种表示友善的象征性形式。“内服”主要出自在朝中任职的部落首领，上贡物品多是大量的牲畜或其他一些珍奇动物及卜甲、卜骨、弓、玉等等。

2. 西周时期

（1）综合式赋税制度的形成

到了西周时期，贡纳逐渐形成等级制度。上古的文献中记载了九种赋税形式，其中既包括田赋、人头税，又包括商税、货税。这些赋税，采取的是“近轻远重”的原则，以周王所在的王城为中心向外延展。王城近郊税率为5%，距离王城越远的地方税率就越高，最高可达20%。这样制定税率的理由

是，距王城近的人民须负担较重的徭役，所以其税率就应该轻一些。并且当时已经是依照土地肥沃程度的不同，采取不同的税率征收赋税。相关文献中记载着具体的实行方法：最好的土地被分给七口之家，中等的土地分给六口之家，下等的土地分给五口之家；而分到最好土地的七口之家，应该出三人为统治者服务，六口之家两家一共出力役五人，五口之家出力役二人。这样就形成了按亩数和肥沃程度分配土地、按人口和土地分配力役的综合式赋税制度。

(2) 井田制及其税法

田税由田而出，因此有必要说明当时的土地制度，即井田制。

井田制是我国古代社会的土地国有制度，始于夏、商，盛行于西周。当时，道路和渠道纵横交错，把土地分隔成方块，形状像“井”字，故称作井田。上古时候，以三百步为边长围成一块正方形田地。夏代曾实行过井田制，商、周两代的井田制都继承自夏制。西周时井田属周王所有，分配给庶民使用。封建领主不得私自买卖和转让，还要交纳一定的贡赋给周王。领主强迫庶民集体耕种井田，井田制是商周时期占主导地位的一种土地制度，它还保留有原始社会公有制下农村公社对土地管理的某些形式，但其性质已是一种奴隶制下的土地剥削制度。

井田制在长期实行过程中，从内容到形式均有发展和变化，大致可分为“八家为井有公田”与“九夫为井无公田”这两个系统。

当时九个以一里为边长围成的正方形田地称为井田，中间的那块田地是公田，周围的八块是私田；每块私田对应一户人家。“八家为井有公田”的意思是说，八户人家在共同耕作公田之后，再耕作自己的那块私田。“八家为井有公田”这个制度的实质是以“助”的形式纳税，“助”就是在公田中服劳役，也就是力役的意思。而“九夫为井无公田”的制度内容是九个农户各自负责上述的井田的九分之一，井田中没有公田而全部是私田，最后赋税的形式是每块田地按照“什一税”的比率上缴收成。“九夫为井无公田”这个制度的实质是以“贡”的形式纳税，“贡”就是缴纳土地生产的实物。

当时的赋役制度叫做“彻法”，内容就是“贡”“助”这两种制度的结合。古时实行易田制（即轮耕制），即“不易之田”一家是一百亩，“一易之田”一家二百亩，“再易之田”一家三百亩。年年耕种的为“不易之田”，一年轮换耕种一次的为“一易之田”，休耕两年再耕种一次的为“再易之田”。至于在一易之田、再易之田中如何以“井”为耕作单位进行区划，已无法推知。

井田制由原始氏族公社土地公有制发展演变而来，其基本特点是实际耕作者对土地没有所有权，而只有使用权。土地在一定范围内实行定期平均分配。夏朝、商朝时期实行的“八家为井”“同养公田”之制，公有成分更多一些。周代以后出现的“九夫为井之制”个人私有的成分已增多，可以看做私田已被耕作者占有。西周中期，贵族之间已有土地交易，土地的个人私有制至少在贵族之间已经出现。由此，自上而下，进一步发展为实际耕作者的土地个人私有制。

（二）春秋战国时期

1. 春秋时期

春秋时期，由于井田制日益瓦解，旧的奴隶制的剥削方式已无法继续维持下去，各诸侯国相继实行“履亩而税”的赋税制度，即按土地的数量来定税。如齐国的“相地而襄征”，鲁国的“初税亩”，楚国的“量入修赋”，都是按土地的多少、好坏而征收差额赋税。这对封建生产关系的发展和新兴地主阶级势力的壮大，起了极大的促进作用。

（1）齐国“相地而襄征”的土地政策

“相地而襄征”也称“相地而衰征”，是春秋时期齐国实行的一项新的土地征税制度，是管仲经济改革中的重要内容。简单地说，就是指根据土地的好坏、收成的多少来征收田税。当时的文献中都记载了这项重要的经济改革措施。如《国语·齐语》就记载说，“相地而衰征”就是根据土地质量的好坏，即肥瘠程度按亩征税。还有更详细的记载说，根据土地的亩数纳税，收成最好的年景采取十分之三的

税率，收成一般的年景采取十分之二的税率，收成不好的年景采取十分之一的税率，饥荒的年景免税。齐国实行“相地而衰征”无疑是一项重大的改革，它的意义是开始承认田地私有，出现了瓦解土地归周王所有的“井田制”的倾向。

(2) 鲁国的“初税亩”

初税亩是公元前 594 年在鲁国开始实行的按亩征税的田赋制度，它是承认土地私有合法化的开始。当时，由于牛耕和铁农具的普及和应用，农业生产力提高，大量的荒地被开垦后，掌握在私人手中，成为私有财产；同时贵族之间通过转让、互相劫夺、赏赐等途径转化的私有土地也急剧增加。实行“初税亩”田赋制度之前，鲁国实行按井田征收田赋的制度，私田不向国家纳税，导致农业对财政贡献不断减少，国家财政收入不断下降。因此适应新形势的赋税政策应运而生。

从字面意义上解释，“初”是开始的意思，“税亩”就是按土地亩数对土地征税。“初税亩”的具体方法是对公田征收其收成的十分之一作为赋税，对公田之外的份田、私田同样根据其实际亩数，收取收成的十分之一作为赋税。“初税亩”是土地私有制前提下平等赋税制度的最初形式，是符合经济发展的一般规律的。它在激发劳动者生产积极性方面起到了积极的作用，是当时社会条件下比较科学的选择。“初税亩”的实施也使社会分配方式发生了显著改变，按实际田亩产量十分之一纳税的具体方式，使劳动者切实体会到了努力耕作所带来的收益，从而促使劳动者不断提高劳动效率。

(3) 鲁国“初税亩”和齐国“相地而衰征”的区别

“初税亩”这种按耕地的实际亩数收取实物赋税的做法与齐国管仲改革中的“均田分力”“相地而衰征”有很大的相似之处，但也有一定的区别。管仲改革后的“相地而衰征”政策仍是建立在土地国有的基础之上的，而鲁国“初税亩”的实施等于承认了土地的私有。管仲改革后的农业税收征收的前提是农户租用了属于国家的土地，税收还带有“地租”的性质；而“初税亩”则是在认可了土地私有的前提下，凭借国家政治权力向土地所有者征收的赋税。也就是说，“初税亩”更接近于现代的税收。所以大多数研究者倾向于把鲁国的

"初税亩"作为我国农业税征收的起点。

2. 战国时期

公元前 5 世纪的战国时期，各国为了应付战争的需要，争相进行赋税制度改革。虽然名目和形式各异，但总的来说，当时新兴地主阶级已掌握了政治权力，他们普遍采用地租的形式来剥削农民。例如秦国的商鞅变法，就是以废除井田制、实行土地私有制为重点。这是战国时期各国中唯一用国家的政治和法令手段在全国范围内改变土地所有制的事例。《史记》中记载，当时商鞅任左庶长，颁布条令废除井田制。法令规定，允许人们开荒，承认土地私有，并可以自由买卖，赋税则按照各人所占土地的多少来平均负担，按人丁征户赋。此后秦政府虽仍拥有一些国有土地，如无主荒田、山林川泽及新占他国土地等，但后来又陆续转向私有。这样就破坏了奴隶制的生产关系，促进了封建经济的发展。

商鞅还推行重农抑商的政策。鼓励耕织和分户，生产粮食和布帛多的，可免除本人劳役和赋税，以农业为"本业"，以商业为"末业"。因弃本求末，或游手好闲而贫穷者，全家罚为官奴。商鞅还招募无地农民到秦国开荒。为鼓励小农经济，还规定凡一户有两个儿子的，到成人年龄必须分家，独立谋生，否则要出双倍赋税。禁止父子兄弟（成年者）同室居住，推行小家庭政策。这些政策有利于增殖人口、征发徭役和户口税，发展封建经济。

为了保证国家的赋税收入，商鞅制造了标准的度量衡器，如今传世有"商鞅量"。商鞅的这一做法意义重大，使全国上下有了标准的度量准则，为人们从事经济、文化的交流提供了便利的条件。也对赋税制和俸禄制的统一产生了积极作用。

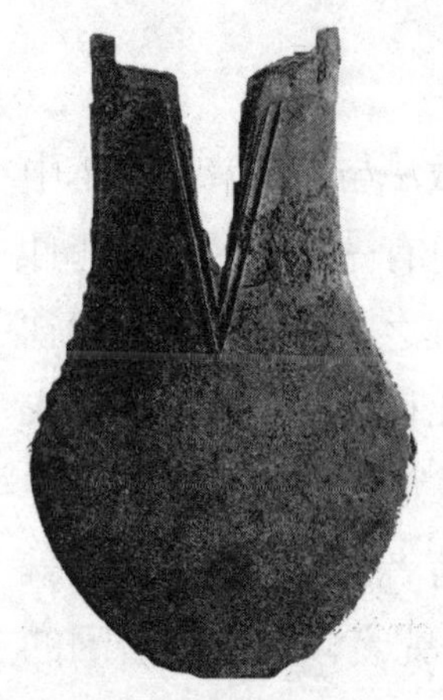

由此可见，秦国进行了赋税制度的改革，征收的赋税不仅有田赋还有户赋。这些改革，促进了社会生产的发展，增加了财政收入，为以后秦政权统一六国奠定了物质基础。随着税、赋的分离，在战国时期力役也成为独立的概念。确立了赋、税、力役的"三征"结构，成为中国封建社会长期沿用的赋役体系。因此，从赋役制度的沿革来看，一般把春秋战国时期看做是中国古代社会由奴隶制向封建制转化的历史阶段。

（三）秦汉时期

1. 秦代赋税

公元前 221 年，秦王嬴政先后灭韩、赵、魏、楚、燕、齐六国，完成了统一中国的大业，建立了第一个多民族的、统一的封建大帝国——秦朝。秦朝赋税制度基本继承了商鞅变法的内容，如赋税分为田租、口赋和杂赋三种——田租是按土地征粮，税率约为十分之一；口赋是按人头征钱，每人约缴 120 钱；杂赋一般是临时性的征调。这种土地制度和赋税制度对封建地主有利，也有利于社会经济的恢复和发展，同时在一定程度上还能维护大一统的局面。

公元前 216 年，嬴政颁布法令，命令地主和有地农民自报占有土地数，按定制缴纳赋税。秦田律规定：每顷土地应向国家缴纳饲草三石（石为古代计量单位，一石为十斗，约等于现在 120 斤），禾秆二石。如果隐瞒土地，少缴或不缴租税，要受到法律的惩处。如果征收田租的官员已向农民征收田租，而不上报，就以隐瞒田租之罪论处。历史学家对秦朝收取田租的计税对象和税率形式有两种不同说法。一种意见是不以土地为准而以人头收税，另一种意见是主张秦朝的田租作为一种土地税，是根据土地纳税的。根据现有材料和历史经验推测，秦朝对各地征收的田租很可能制定了各自固定的税额。

口赋，又称户赋，是官吏到百姓的家中，以户为单位进行收取的赋税。税额未知，应该不少于汉代的算赋，即每人 120 钱。

秦朝的力役分为徭、戍两类。所谓“月为更卒”，指秦朝男女每年要完成一个月的徭役。所谓“正卒之役”，是以一年为服役期限的，这在秦律中多称为“戍”。当然，力役是针对被统治的广大人民的。爵位高于一定的等级，就可以免除徭役。

2. 汉代税制

根据《汉书·食货志》可以知道，汉代的赋税主要是人头税和田租，此外还有一定的徭役。汉代实行的是减轻田租而加重人头税的政策。

人头税分算赋和口赋两种。汉初规定，15 至 56 岁的人，不管是男是女，

每人每年纳赋 120 钱，叫算赋；7 至 14 岁的小孩，每人每年纳赋 20 钱，叫口赋。

与秦律类似，汉律要求农民按田亩如实向国家报告应缴租额，报告不实或家长不亲自报告，要罚铜二斤，还要把未报的农作物及钱物没收入县一级的国库。与秦不同的是，汉初鉴于秦亡的教训，采取了休养生息的政策，减轻人民的负担，以保证其统治的稳定。汉高祖（前 202—前 195 年在位）时规定田租按产量征收，十五税一，即税率为十五分之一；景帝（前 157—前 141 年在位）时改为三十税一，汉代从此多遵从景帝的这个税率。

徭役分为劳役和兵役。成年男子一生要服两年兵役，每年服一个月劳役。自周代起，徭役即有赋役与职役之别。赋役是人民在一定时间内为某种事项提供的劳役；职役是为各级地方行政机构承担的无偿公职。秦代时用商鞅之法，人民每月在当地的郡县政府中担任无偿公职，此外还需要在军队中服役。一般是服一年的军役，再服一年的力役。汉代因循未改，成年人满 20 岁就要开始服徭役，到年满 55 岁时可以不再负担徭役。不去服役的人也可以出钱代替服役，叫做“更赋”，费用为每月出钱二千文。因此“更赋”实际上也是徭役的一种。

西汉末篡权的王莽曾评论西汉的赋税，认为汉朝减轻田租，把税率定为三十税一，但是更赋和徭役不断增加，豪强地主又欺压百姓、侵占土地，因此所谓三十税一，并没有实行过，实际上的税率几乎是十分之五。这说明休养生息、轻徭薄赋这些政策，并没有统治者宣传得那样好，而是具有强烈的局限性。此外，依据重农抑商的国策，汉代对商人和商业课以重税。商人要将自己的资产及收入禀报给官府，隐匿不报者及禀报不实者，均处以充军戍边一年、财产没收的处罚，而举报人可以得到罚金的一半作为奖励。

二、从魏晋到唐代的赋役演变

（一）魏晋南北朝时期

1. 东汉末年“租调制”的出现

东汉末年，战乱频繁，人民背井离乡、流离失所，官府籍簿散佚，无法按“丁”（成年男子）征赋。而居住的“户”比“丁”易于统计，而且比较稳定，所以改为按“户”征收，称作“户调”。

根据《三国志·魏志》记载，曹操进驻冀州后颁行“租调制”，实行“计亩而税”“计户而征”的赋税法令。具体内容为：对土地所有者（包括自耕农和地主），每亩土地征收田租谷四升，每户征收户调绢二匹、绵二斤。当时商品货币关系减弱，纺织业兴起，所以以纳绢或布帛的形式而不是以货币的形式收缴赋税。

户调取代汉代沉重的人头税，对农民有好处，也有利于大族豪强地主隐瞒佃户不报、逃避赋税、加强土地兼并。虽然曹操的命令加重了对豪强兼并行为的惩罚，但土地兼并实际上并未被阻止。

2. “租调制”的发展与北魏孝文帝改革

晋武帝（265—290 年在位）统一国家后，于 280 年颁布《占田令》，实行“课田制”和“户调式”的赋税制度。“课田”指的是应向国家纳税的田地数量。《占田令》规定：丁男（16 至 60 岁的男子）按五十亩缴田租，丁女（成年女子）按二十亩缴田租。如户主为次丁男（指 13 至 15 岁和 61 至 65 岁的男子）按二十五亩缴租，为次丁女的不缴租。五十亩收租税四斛，即每亩八升。除田租外，还要缴纳户调，丁男做户主的，每年缴绢三匹、绵三斤；户主是女的或次丁男的，户调折半缴纳。与曹魏时相比，田租增加一倍，户税增加了二分之一。晋武帝死后，内乱即起，因而《占田令》没有得到长久实施；但是在南北朝期间，《占田令》可以作为赋税轻重的一个衡量标准。

南朝赋税苛重混乱，北朝自北魏起实行“均田制”后，赋简史征收额度大

为改观；其中，北魏孝文帝的改革起到了重要作用。孝文帝的改革涉及政治、经济、文化等各个领域，范围极其广泛，内容也极为丰富。其中对赋税制度影响最大的是“均田制”的推行。北魏太和九年(485 年)颁布《均田令》，主要内容是：15 岁以上的男子给予种植谷物的露田四十亩，妇人二十亩；男子每人给予种植树木的桑田二十亩、产麻地方男子给麻田十亩，妇人五亩。次年，颁布征收租调的法令，规定一夫一妇每年交纳租粟二石、调帛一匹；15 岁以上的未婚男女四人、从事耕织的奴婢八人、耕牛二十头，分别负担相当于一夫一妇的租调额，并建立“三长制”，也就是五户人家由一位邻长管制，五邻由一位里长管制，五里由一位党长管制；邻长、里长和党长这三长负责清查户籍、征收租调和徭役。

均田制实际上是把荒地、无主地以及所有权不确定的土地作为给农民的授受之田，授受之田有桑田、露田之分。露田经过一定期限之后要归还给国家，因此不准买卖；桑田是全权赐予农民的，但是买卖也受到限制。均田令强制授给露田，实质上就是强制垦荒。生地变成熟地，所有权仍归国家。同时，均田制使农民分得了一定数量的土地，将农民牢牢束缚在土地上，成为国家的编户，保证了地主们的基本利益及土地私有制。而租调制则相对减轻了农民的租调负担，改善了农民的生产生活条件，一定程度上促进了生产力的发展。

北魏以后，相继建立的北齐、北周、隋以及唐王朝的初期，都颁布过类似的均田令及租调法，具体办法有一些改动，但是不大。纵观北朝调绢帛（或麻布）制度的变化，大体可以归纳为以下两点：一是调绵绢布麻的定额呈下降趋势；二是由户调逐渐向丁调转化。魏晋时期，与商业有关的各种赋税大体上都保留。如关津税等。魏晋时仍有市租，主要是针对坐贾（有店面的商人）征收，有营业税的性质。

（二）隋及唐前期

1. 隋代的均田制和租庸调制

隋制规定，自亲王至都督都由皇帝赐给永业田，多的达到百顷，少的也有三十顷。京官从一

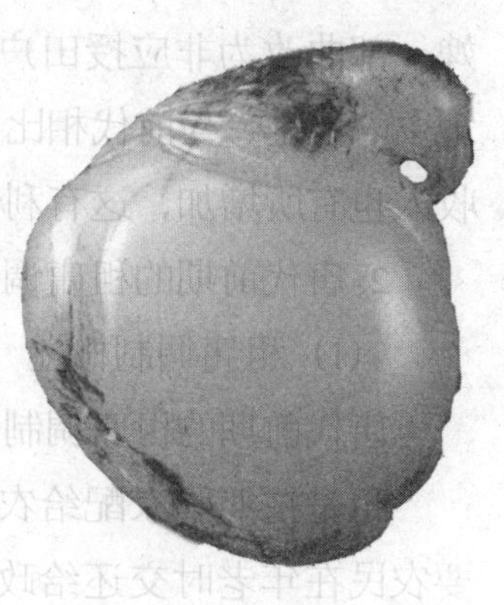

品至九品都授予职分田，多的达到五顷，少的也有一顷。官署给公廨田（廨是旧时官吏办公的地方，称为郡廨、公廨等），用来供官府使用。农民和耕牛的分田方式和北齐相同，即一夫一妇分露田一百二十亩，丁男分永业桑田或麻田二十亩。地主官僚的奴婢分田，按其地位高低限制在六十人到三百人之间，奴婢分田的数量和普通人民一样；丁牛一头分田六十亩，限制在四牛以内。

隋朝实行的均田制度，显然对官僚地主有利。首先是官僚地主分田比农民多，官位越高分田越多。奴隶分田虽有限制，但官僚地主仍可利用奴隶占有大量土地，而农民却连应分的田也分不足，有些耕地少的郡县的农民，每人仅仅能分到田地二十亩。

均田制不是将所有土地都拿来分配，而是在不触动地主土地私有制的前提下推行的。也就是说，均田制是将政府所能支配的土地与一些无主荒地分配给农民耕种，将农民固定在土地上，以利于封建国家的剥削。另一方面，实行均田制，使农民得到了一些土地，而地主的土地兼并也多少受到一些限制，这就有利于提高农民的生产积极性和扩大农业再生产。

在均田制的基础上，隋朝实行了租庸调制度。租庸调制规定：丁要负担赋役，老人则免去赋役。缴纳租调，一般以“床”（一夫一妇）为单位来计算。丁男一床，纳租粟三石；调需要视桑田和麻田而缴纳不同的实物，桑田纳绢一匹和绵三两，麻田则纳布一端和麻三斤。未婚单丁和奴婢则纳一半租调。力役方面，隋初沿袭旧法，每年服役一个月；583 年，改为 21 岁起服役二十天；590 年增加了 50 岁免役收庸（用布帛代替力役）的规定，调绢也减为二丈。

隋炀帝杨广时免除了妇人、奴婢和部曲的租调。部曲在魏晋南北朝时指家兵、私兵，隋唐时期指介于奴婢与平民之间属于贱民的社会阶层，是和奴地位差不多的社会底层。

魏晋南北朝的田租制度经历了许多变化，总的趋势是按亩收租、按户收租、按丁收租。隋炀帝免除对妇人及奴婢部曲的课税，是我国古代赋役制度史上的一次大变革。因为直到取消了所谓的“丁女”之后，计租的基准单位才最终由“计床”而变为“计丁”。对没有丁男的贫弱女户，这一变化显然很有利；将奴

婢、部曲改为非应授田户并除其税，显然有利于拥有奴婢部曲的贵族、官僚和地主。但是，与前代相比，农民的负担也有所减轻。农民从事生产的时间较多，收入也有所增加，这有利于提高农民的积极性，有利于促进农业生产的发展。

2. 唐代前期的租庸调制

(1) 租庸调制概述

唐代前期的租庸调制仍然主要由租、庸和调这三个部分构成。

租是按照国家配给农民耕种的田亩数来收取田税的方式。这种国家授田需要农民在年老时交还给政府，而在其授田时期，农民则需要负担一定租额的赋税。这仍然是一种均田制度，承袭北魏以来的均田制。均田制与古代的井田制不同之处在于，井田分属于封建贵族，而均田则全部属中央政府，即国家。均田是郡县制度下的井田，而井田则是封建制度下的均田。唐代初期的租额仅为四十税一，较之于汉代三十税一，更为优惠。

庸是力役的实物替代形式，是农民对国家的义务劳动的一种补偿。初唐时期规定，每人每年服徭役二十天——较之于汉代每人每年服徭役三十天又减轻了。如果不想服役，每天缴纳绢三尺或布三尺七寸五分，就是庸，也叫“输庸代役”。官僚贵族享有免除租庸调的特权。

调是一种土产贡输，各地人民须以其各地土产贡献给中央，大体上只是征收丝织物和麻织物。

租庸调制是以均田制的推行为前提的，均田制规定每个成丁的农民都受田一百亩，因此国家征收租庸调时只问丁身，不问财产。大体上，唐代比汉代税率更轻，原则上是一种轻徭薄赋的制度。同时租庸调项目分明，有田的人才需要缴纳田租，自由的成年人才有庸的负担，成家的人才需要贡献调；这是唐代税制优于汉代税制的地方。唐代租庸调制的主要目的是使人身自由的农民可以拥有耕田并且成家，这样他们就可以负担得起政府的税额，从而有利于地主阶级的统治。赋役和力役是封建国家主要的财政来源，历代统治者都十分重视赋役立法。从魏晋开始一直到唐代前期，统治阶级逐步改变了秦汉时期的赋税制度以适应变化的社会政治经济形势。唐代的租庸调税制是对唐朝以前我国两千多年来各朝代所实行的实物税的总结和集成，并有一定

的创新，内容比较系统和完整，因此在我国封建赋税制度史上占有重要的地位。

(2) 租庸调制在唐朝的发展沿革

经过隋末农民大起义和长期的战乱，唐代前期的政府手中掌握了大量无主荒地。政府将这些土地按规定分配给成年男女；得田农民按一定比例向政府交纳一定数量的租税和当地所产的绢、帛，并无偿地为政府服徭役一定时间，不服役的话就需要按照比例缴纳一定数量的绢帛作为补偿。

618年，唐朝建立。第二年，也就是武德二年，租庸调制的税法正式颁布。税法中规定，每名丁男每年应该缴纳谷物两石作为田租，绢帛二丈作为庸，绵麻三两作为调，除此之外，不允许各地官府再征收任何其他形式的赋税。到了武德七年进一步规定：岭南等地缴纳稻米作为田租即可，标准是上户一石二斗，次户八斗，下户六斗；南方少数民族以下户的一半作为标准纳税；北方少数民族归附中央政府的，按照上户每丁交税十文、中户五文、下户免收的标准纳税，然后到了归附期满二年的时候，上户每丁输羊二口、次户一口、下户三户共一口。同时，与一般民户相关的还有各项附加税，如脚钱、营窖加耗等。

武德七年的规定中对征庸代役做了一些详细说明。每名男丁每年应该服力役二十天；如果不参与力役，可以缴纳庸作为替代，庸的标准是每日三尺棉或者麻，并无年龄或役种的限制。到开元、天宝年间，就全国范围而言，征庸代役已成为普遍情况，庸绢布成为政府绢布形态的财政收入的大宗。但就局部地区而言，作为正役的力役依然存在。在通常的情况下，庸和役并不并征。租庸调法还规定依照灾情轻重，减免租庸调的具体办法。里正和州、县官负责按上述法令授田、收田、征课赋税。唐律规定，三事失一者，里正及州、县官分别处以笞刑或杖刑；课税违期不缴或擅自赋敛，利不归国家者，也要处刑。

开元年间又做了新规定：布帛要求一尺八寸宽，四丈长才算一匹；布五丈算一端，绵六两为一屯，丝五两为一绚，麻三斤为一綟。如果某户人家缴纳的庸调不满匹、端、屯、绚这几个单位，要就近凑成整数。庸和调是可折纳的，主要是折纳成相应数量的米粟。安史之乱后的一段时间，江淮、荆楚一代的庸调出现过折算成钱币的现象，是当时特殊情况造成的，没有普遍意义。

(3) 唐代前期的杂税

户税，在唐朝前期称为税钱，偶尔也称为税户或者叫户税。它是唐朝前期杂税的一种，但因为不是正税，所以不载于《赋役令》。唐朝的税钱，无论是全国税钱的总额，还是平均每户应纳的税额，都呈明显上升的趋势。唐代前期，税钱在朝廷的总收入中所占的比例不大，其财政意义也不及义仓税。但仅就货币形态的财政收入而言，税钱的财政意义很大。因为在以实物税赋为主的历史时期，税钱的收入为当时货币形态的财政收入的最大宗。

唐开元之前还没有商税的明文规定，也没有酒禁、盐禁。只有政府控制的一些盐池、盐井需要缴纳盐供给京师或军队。隋至唐前期的商人也有课税，但是他们纳税的标准与一般农户区别不大。到天宝年间，政府开始对市肆中的商贾征收商税。不过总的来说，安史之乱以前，唐王朝对于工商业与关津都是重在管理，并不在意其赋税。安史之乱后，政府财政极端困难，于是关卡林立，疯狂征收商税，比如流通税、营业税等等。由于一般商税仍然无法解决财政危机，唐政府开始针对盐、酒这样的稀缺奢侈品征税，后来安置官吏实行专卖。《旧唐书》中记载，通过刘晏的改革，将官运官销改为商运商销又更增加了商业税赋的收入。唐代大历年间末期，全国赋税收入每年为一千二百万贯钱，其中商税收入超过一半。

(三) 唐后期至五代

1. 两税法产生的背景

作为隋朝和唐前期国家赋税收入主要来源的租庸调制，在当时的一定历史阶段中确实起到了调动农民积极性，恢复和发展农业经济，保证封建国家赋税收入的作用。但是，唐代租庸调制的实质仍然是秦汉以来小农经济的变种，没有实质性的变化；其实施的前提条件是战争造成的大量荒地。小农经济脆弱，自然灾害或者征敛无度，都可以使之破产，这又为豪富地主的土地兼并制造了机会。对于租庸调制来说，小农的破产，就意味着国家财政来源的枯

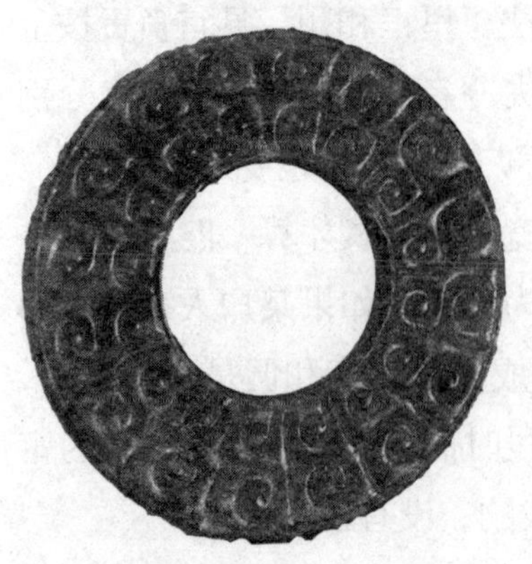

竭。因此时至盛唐，随着社会和经济形势的变化，租庸调制的不合理性更加明显。

租庸调制的中央征税以人丁为本。安史之乱前，天宝十四年（755年），中央政府管理支配户数为891万多户，人口为5292万多人。安史之乱开始后，河北掌握在叛军和割据一方的节度使手中，河南、山东、荆襄、剑南等地都有驻军拥兵自重，租赋不上缴中央。因此唐中央王朝支配的户数和人口锐减，主要财政收入只能依靠淮南和江南——乾元三年（760年），户数只有193万多户，人口只有1699万多人。因此，唐中央政府为了弥补财政亏空，就征收名目繁多的苛捐杂税。据史料记载，征收赋税的种类高达几百种，无用的税种不削减，重复的税种不去除，新的税制和旧的税制重叠在一起，如此严重的苛捐杂税无穷无尽。同时，各地方的豪强地主依仗财势，采取托名骗取官爵、伪装成不必纳税的僧侣等等手段逃避徭役、赋税。由于唐王朝对土著户（当地人）的征收标准高于客居户（外来户），客居户还可以不服徭役，所以豪绅仕宦之家纷纷以寄住户或寄庄户的名义，取得轻税和免役的待遇。这样，田赋和徭役就都落在农民身上，农民不堪重负，只得逃亡。反过来，农民的大量逃亡，又加重了本来已经举步维艰的财政困难。

总之，从盛唐到中唐，经济和税制进入了一个恶性循环：首先是土地兼并严重、编户流失，其直接后果是作为租庸调制基础的均田制遭到破坏，这导致了国家财政收入日减，国家随即加重赋税剥削，然后是不堪重负的农民大量逃亡、编户继续流失。这时，从北魏开始直到隋唐实行均田制的基础上建立的租庸调制已经定型，其自身内部的调整已经无法适应剧烈动荡的社会经济环境，尤其是在安史之乱导致全面破坏的情况下，唐王朝被迫走向两税法的改革。

2. 两税法的内容

唐德宗建中元年（780年），朝廷采用宰相杨炎的建议，颁布实行两税法，对赋役制度进行全面改革。两税法以夏、秋两次征税而得名，其核心内容是以一个家庭的财产状况和田亩数量为依据征收赋税。同时政府针对商业贸易日益活跃的现实，对茶、酒、盐等商品交易征税，改变多少年来以单一农业税为主的税收结构。同时还协调了中央与地方赋税获益的分配关系。两税法的实行，

使北魏以来的均田制寿终正寝。其中计亩征税与把田亩列入资产项目及对商业的征税等内容，沿袭的是南朝时的成法并作了一些调整。

两税法的主要内容：

(1) 国家根据财政支出确定总税额，各地依照中央分配的数额，向当地人民征收。

(2) 土著户（当地人）和客居户（外来户）均编入现居州县户籍，依照丁壮人数和财产（主要是土地）多少定出户等，按垦田面积和户等高下分摊税额。

(3) 每年分夏、秋两次征收，夏税限六月纳清，秋税限十一月纳清。

(4) 两税依户等纳钱，按垦田面积纳米粟；田亩税以大历十四年（779年）垦田数为准，平均摊派。

(5) 租庸调和杂徭、杂税全部废除，但按丁额征收的人头税保留。

(6) 无固定居处的商人，所在州县依照其收入的三十分之一征税。

就征税对象而言，两税法规定不分土著户、客居户，一律征收两税。其次，两税法规定对无固定居处的商人征税，这也是扩大纳税对象的一项措施。第三，两税法的征税原则是不分人丁，以贫富为征收标准，这与租庸调法的征收原则有本质上的不同。租庸调是以人丁为本，人丁的划分是很重要的；但两税法的征收则无须考虑人丁的划分，因为两税法是以资产为标准的。

两税法所征收的实物税租分钱、谷两类。谷物就是原来的丁税、地租。两税钱主要是原来的户税钱和青苗钱。而所谓的计资，主要依据包括土地、桑田、居宅、牲畜和钱财等等。同时，从唐建中元年到五代，调绢从正税中消失了，但绵帛之征又从两税钱和田亩税的折纳中复活，从而构成了两税的斛斗(谷物)、钱、绢的三大类，也是同样分夏秋两季缴纳。

当时，各类商税包括：

(1) 工商户的资产税：大历四年（789年）凡是有店铺、旅行经商或者金属冶造业务的商人按照一定税率纳税。

(2) 过税：各州县设卡，征收盐商的通行税，后来茶商也要征税。关卡一设，自然一般商户也难以幸免。

(3) 住税：即交易税、营业税，税率高于过

税，两税法定于三十分之一；后来军费、官俸激增，其税率又一再上扬。

(4) 农副畜产品税：朝廷往往是明令禁止此类税赋，但各个地方政府进行私自征收是当时很普遍的现象。

(5) 各种专卖所需的税赋。

此外，唐代的力役，从很多资料的记载来看，一方面征调丁夫从役，如奉天筑城之类；另一方面雇的方式进一步推广，部分地代替了丁夫从役。唐后期的力役包括正役和杂役。杂役原指正役以外的徭役，又称夫役。除青少年男子义务服役十天外，丁男也可以服杂役，用来折免正役与租调。

3. 两税法的影响和意义

制定两税法最现实的政策出发点就是保证中央政府的财政收入。它从制度上规定将征收权力分配到各州县，同时还全部废免了地方收入的苛杂徭役和税收。对巩固中央王权统治基础和限制地方割据势力起到了很好的作用。根据史料的记载，实行两税法后，中央加强了对税收的控制，这也是加强中央集权的一种表现。

在均田制下，国家对租调徭役的征敛，主要依据是人头；两税法则主要是依据土地的多少征税，户税虽说是依据资产征税，但土地是资产中的重要内容，所以也主要是依据土地征税。这种变化，主要是因为均田制破坏后，土地占有情况更加不均，于是轻人头税重土地税就成为发展的必然趋势。这一趋势也意味着封建官府对农民的人身控制有所放松。

租庸调是以均田制为基础，流亡客户因为不属于在当地拥有田地的人，所以既不编入户籍，也不纳税。两税法只以资产为征收标准，不管土户、客户，只要拥有资产，就一律得纳税。因为贵族官僚原来都得负担户税和地税，所以也必须交纳两税。这样，两税法的推行就极大地扩大了纳税面，即使国家不增税，也会大大增加收入。

两税法将唐代名目繁多的杂税，统一归并为户税与地税两种，这样既简化了征苛捐杂税的名目，又可使赋税相对确定。从制度上避免了官吏乱摊派的可能。

在“以丁身为本”的租庸调制下，不管是地主还是贫民，他们向国家纳税的数量都完全一样，这当然是极不合理的。两税法推行后，没有土地而租种地主土地的人，就只交户税，不交地税。这样就多少改变了贫富负担不均的现象，较为公平。

两税法以货币计算交纳赋税，对商品货币经济的发展有一定的促进作用。但是也出现另一方面的弊端。由于两税中户税部分的税额也是以货币计算的，政府征钱使得市面上钱币的流通量不足，不久就产生了“钱重物轻”的现象，农民要贱卖绢帛、谷物或其他产品以交纳税钱，无形中增加了农民的负担，到后来竟会比定税时多出三四倍的额度。

两税制下土地合法买卖，土地兼并不再受任何限制，富人逼迫贫民卖地而不移税，地产没有了，但是税还要交纳，到后来实在交纳不上，只得逃亡。农民沦为佃户、庄客者很多。于是土地集中达到了前所未有的程度，最终造成了农民的大规模流亡和社会动荡。

自两税法实行以来，因为租庸调及各项杂税都已并入了户税和地税，所以取消各种杂税的局面只维持了极短的一段时期。不久，腐朽的统治者又卷土重来，增添了许多苛捐杂税，再加上其他原因，人民的负担仍然在增加，生活比以前更加困苦。剥削无法避免，这是封建土地所有制度的根本性质。

三、宋元时期的赋役演变

（一）宋代赋役

宋代初期，田赋一般是按照一亩田地交粮食一斗的定额收取。有的地区如江南、福建等地，则沿袭宋以前十国分立时的旧制，每亩每年纳税三斗，后来又改为夏季收税钱，秋季收米。各地每亩所纳钱米之数也不相同。两税之外还有“丁口之赋”和“杂变之赋”。所谓“丁口之赋”就是把五代十国各政权所曾征收的“身丁钱捐”“身丁米麦”“丁口盐钱”“身丁钱米”之类沿袭下来的一个总名，“杂变之赋”则是把五代十国征收的皮革、农具、鞋钱等税目沿袭下来，将这类杂物合成的一个总名，也叫做“沿纳”。这两者都必须随同两税一起交纳。此外，纳税户还要轮流到各级政府去服差役。

到了北宋中叶，土地兼并呈现出更加剧烈的局面。土地兼并迫使农民转职军旅，使得军队人数激增。北宋初年给予军、公人员极大优惠和特权，可免除差役和赋税。广大农民倾家荡产、流离失所，阶级矛盾和民族矛盾都发展到相当严重的程度。北宋统治集团中的开明地主集团，为了避免类似于汉末张角和唐末黄巢这样的农民起义的爆发，开始采取措施、改革政治。其中以王安石变法最具代表性、影响最大，其中的方田均税法和募役法直接对应于赋税制度。

1. 募役法

募役法是熙宁四年（1071年）宋神宗在位期间王安石变法中的一项法令。自古以来，中国农民每年都有服徭役的强制性规定；而募役法的颁布使得原来必须轮流服役的农民可以选择以交钱代替服徭役，再由官府出钱雇人充役。

宋朝的募役法是在唐朝的基础上制定的。将唐朝的“租庸调制”中的“调”的限定由每年缴纳“绢（或绫、拖）二丈、绵三两，或布二丈五尺，麻三斤”改为直接收钱。募役法的主要内容是：废除了前此依照户籍的等级轮番到州县政府应差役的规定，改为由州县政府出钱募人应役。各州县每年对应用募役的

费用进行财政预算，由管辖内的住户按照级别的高下分摊。原来轮流服役的人家所交纳的，叫做免役钱；原来享有免役特权的官宦之家，以及女户、僧道户和未成丁户，也都得依照户等交纳，叫做助役钱。在募役应用的正数之外，还要多收20%，叫做免役宽剩钱，为了使政府的财政有宽裕和节余。遇到严重灾荒时，便不需向民户征收役钱，用这笔钱做募役之用。

这是王安石变法中财政改革的一项重要制度。它的最大影响在于使原本拥有免役特权的大官僚大地主阶级也不得不交钱给政府，供政府募役之用。这直接触动了大地主阶级的利益，为日后王安石变法的失败埋下了伏笔。

2. 方田均税法

方田均税法也是王安石变法实行的政策之一。熙宁五年（1071年）八月由司农寺制定《方田均税条约》，分方田与均税两个部分。方田，意指清丈土地。北宋初年各地田赋不均，大的豪强地主纷纷隐瞒土地数量而逃税，赋税负担都加在了中小地主和农民身上。王安石采取了以东西南北四边长各一千步作为一大方（相当于当时的一万亩），四边长各一百步作为一小方的丈量方法计数，这就是所谓的“方田”。首先对已经耕种的各州、县土地进行清丈，核定各户占有土地的数量，并按照田地的地势、肥瘠，将田地划分等级，制定地籍，分别规定各等级的税额。并把丈量后的结果记录下来，制成账本作为存案和凭证。如果田产和税额有转移的情况发生，官府负责提供契约，县市要置簿头，并以所方之田为准。均税是以方田丈量的结果为依据，制定税数。

方田均税法的施行对社会发展起到了一定的积极作用，它消除了富豪地主隐田逃税的现象，增加了赋税收入，一定程度地减轻了农民的负担。但它却侵害了豪强地主阶级的利益，所以遭到他们的强烈反对。到元丰八年（1085年）此法基本废止，至宣和二年（1120年）完全废止，已清丈的方田也仍照旧法纳税。南宋时期，统治集团更是常以大敌当前为借口，进行苛刻的压榨：夏秋两税、身丁钱米等等，都较旧定额增加了五倍至七倍。

3. 宋代的其他税役

北宋初，太祖曾颁布《商税则例》，说明北宋从

一开始就有商税的法规。宋代商税分为住税和过税两项。住税为坐商的住卖之税，税率为3%，相当于过去的市税；过税为行商通过之税，税率2%，相当于过去的关税；商税收入除支付地方经费外全数上交中央。北宋前期，细碎物品免税，禁止官吏勒索，但后来商税日趋苛烦，水产、五谷、竹木、书、纸、漆无不有税。北宋末激起了小生产者的反抗。南宋时，各地征税加重，甚至一斗米、一捆柴、零星蔬菜也在收税之列，税额之外的浮取更繁，所以当时的税场有“大小法场”的恶名。正税之外，还有经制钱、总制钱、月桩钱、版帐钱等杂税，大大增加了商民的负担。

两宋管理对外贸易的机构是市舶司。市舶司对进口商品课以关税，名为抽解。征收一部分商品，送到专门的掌管贸易的官署交易。

唐代已制定两税法，力役征发理应不复存在。但实际上，整个宋代，力役仍常有征发，称为“夫役”，分春夫和急夫两类。服役的项目很杂，多为修城筑路、治河等等。

北宋前期行差役法，职役繁多。有所谓的充军吏的“衙前”，有以督课为职役的“里正”、户长、乡书手，还有供官府驱使的承符、人力、手力、散从等。后来王安石变法改为募役法，核心是出钱免役，变差役为雇役。免役钱和助役钱随夏秋二税缴纳，实际上开始了摊役入地的变革，虽然最后没有坚持下来，但是也算是一种正在酝酿中的历史进步。

（二）元代赋役

元代的赋役制度的特点是：复杂程度超过前代。各种赋役既有地区的差别，又有因户籍种类不同而存在的差别。其发展的方向违背了人身依附逐渐减弱的趋势，使两宋以来大为松弛的人身奴役依附关系重新强化，如人头税的广泛推行和徭役的加重。

1. 赋税方面

随着对汉人居住地区征服的扩大，窝阔台初年蒙古贵族的剥削分为“草地

差发”和“汉地差发”两种。窝阔台丙申年（1236年）在华北确立丁税、地税、丝料税、商税等税目，后又增包银一项。上述诸项税目后来经常统称“差发”。丙申税制奠定了元代北方的赋税体制，而南方基本上保留了南宋的税制。

北方赋税主要有两项：税粮和科差。税粮分丁税和地税两种。关于这两种税制，当时的纳税原则是丁税少而地税多的人就纳地税，地税少而丁税多的人就纳丁税。具体说来，就是除具有特殊户籍的民户按田亩纳地税外，其余民户均按成人丁数纳丁税。丁税的税额是这样规定的：蒙古政权先以户定税，每户税粮开始为两石，不久增为四石。太宗丙申年起改为以丁定税，税额为每人两石，替补军人、新迁来的住户为正常的一半。地税方面，丙申年规定，旱地分上中下三等田，每亩税额分别为三升半、三升、二升；水田每亩五升。至元十七年（1280年）规定地税一律为每亩三升。科差又分为“丝料”和“包银”两种，最初“丝料”是规定每两户交丝一斤给官府，每五户交丝一斤给本城的诸侯；又规定每户交纳“包银”四两，以后征收的数额又因时因地而有所变化。在南方，沿用南宋的税法，以土地税为主，秋税征粮，夏税征木棉、布绢、丝绢等物。

2. 徭役方面

元代的徭役制度有两大特点：一是不仅官府花钱雇人的成分有所减少，而且应役面有所扩大，这和唐宋以来力役之征趋于缓和减少的发展方向相反；二是北宋以来名目繁杂的各种职役，到元代已经出现了分化。“里正”“主首”等虽然仍作为封建基层政权的职事人员，但受的压迫剥削越来越重。杂泛差役则包括政府为大兴土木、治河、运输等需要而征发的车牛人夫，以及里正等基层行政设施的职事人员。政府的职事人员开始分化，底层人员受到严重的剥削，这不利于社会稳定，也不符合历史发展潮流。

3. 户籍和杂税

元代实行明显的民族压迫政策。蒙古征服全国后，将其政权下的人民划分为蒙古、色目、汉人和南人四个等级，并且规定这四等人在做官、打官司、

科举诸方面有一系列不平等的待遇。蒙古族在各等人中名列第一等，是元朝的“国姓”。色目人继蒙古人之后名列第二等，主要指西域人。汉人为第三等，指淮河以北原金朝境内的汉、契丹、女真等族以及较早被蒙古征服的大理，东北的高丽人也是汉人。南人为第四等，也叫蛮人、新附民，指最后被元朝征服的原南宋境内各族（淮河以南的人民）。

元代的户籍和赋税、徭役制度也贯彻了这一种族歧视的原则。元代户籍制度将全国居民按照不同职业及其他某些条件（主要为民族）划分成若干种户籍，统称诸色户计。他们所承担的封建义务、隶属和管理系统有所不同，而且一经入籍，就不许随意更动。诸色户计主要分为：军户（出军当役的人户）、站户（专门承担站役的人户）、匠户（为封建国家从事各种工艺制作的人户）、灶户（又称盐户，以煎盐为生的人户）、民户（一般的种田户）等。僧、道等宗教职业者，也各有专门户籍。

元代盐税收入占全国钞币岁入的一半以上，盐的生产由国家垄断。商税也是国库收入的重要来源之一。元代商税，税率为二十取一，以后有所提高。另有各种“额外课”，如历日、契本、煤炭、鱼苗、漆、酵、荡柳、蒲苇、牙例、乳牛、羊皮等均有税；江河商船还要收船钞，赋税空前严苛。

四、明清时期的赋役演变

（一）明初的两税法

明初，仿唐代的两税法，核定天下田赋，夏税征收米、麦、钱、钞、绢，秋粮征收米、钱、钞、绢。夏税秋粮均以米麦为纳税标准，称为“本色”；如果按值用其他物品折合交纳称为“折色”。其额数列于“黄册”。“黄册”即“户口册”，详细登记各地居民的人口与产业情况，每年由政府审查一次。洪武二十年(1387年)，又经过普遍丈量土地，编制了“鱼鳞册”，详细记载每乡每户土地的亩数和方圆四至，并绘成图。自此以后，明朝政府即根据“黄册”和“鱼鳞册”来限制人民的迁徙和进行赋税徭役的剥削。

1. 黄册制度和鱼鳞图册

黄册制度详细登记了各户的籍贯、人口、名、岁、事产情况，而且还规定了每隔十年必须重新核实编造，将本十年内各户人口的生死增减、财产的买卖和产权的转移等等，一一详细登录在册。并且制定了一套严密控制基础社会的“里甲”制度。里甲制度是明朝的基层组织形式，也是明朝政府推行黄册制度的基础之一。里设里长、书手，甲设甲首。均由地方豪绅充任，世代相袭。

书手掌管一里的赋税文案。里长、甲首把持地方，武断乡里，包揽词讼，残害人民，并对百姓施以私刑。关于里甲制的编制，众多的学者普遍认为一百一十户为一里是定制，且它一直保留至里甲制的瓦解。明初，明太祖制定一百一十户为一里的规定是为了便于黄册制度的推行及完善地方机构等原因，而以一百一十户为一里的编制也确实有其特定的作用。黄册的编制体例是以户为主的。虽然登录了每户的田亩数，但土地的四至界址等却没有反映。所以后来又编制了鱼鳞图册。鱼鳞图册即土地登记册，分总图和分图两种。分图以

里甲为单位，再以若干里的分图汇总为以乡为单位的总图，于洪武二十六年（1393 年）编成。据当时的统计，天下土田共计 8507622 顷。图册是以土田为主，以人户为次的册籍，与黄册相辅相成。

两册对赋役的侧重点有所不同。图册重在田赋而黄册重在徭役。明初黄册里甲制度下的徭役，分为里甲、军徭和杂泛三种。其中军徭创行于正统年间，由杂泛分化而来。里甲，是以里甲为单位而承担的徭役，方法是每年由里长带领一甲十户应役，为期一年，十年一周。职责主要有：管理本乡的人丁事产；协助政府维护地方治安；到各级衙门听候调遣。如有脱漏户口者，要处以杖刑；如不按期按量交纳赋税，要处以笞刑或杖刑。根据大明律，里长知有人逃税而不举报与犯人同罪。

2. 明初的商税和杂役

明初的商税税率，大体上是三十取一。明初时，对书籍、农具、蔬菜等等的交易可以免税。明代的商品交易税，由商人在售货地向税收衙门或官府缴纳。商人纳税，有所谓的“起条”，即开写条由（税票）制度。

明朝设立有竹木抽分局，是为满足官府造船、建筑所需而专门对过境贩卖竹木征收实物的一种机构。嘉靖之后，逐渐由征收实物转向征收银钱等货币税。

明朝的工匠制度大致分为轮班匠和住坐匠两种。轮班匠的服役时间先后有过几次变化。洪武十九年，对工匠轮班制作了统一的规定。全国各地被划入匠籍的工匠分为若干班，轮流到京师服役，每次服役时间为三个月。每个工匠每隔两年赴京服役一次。洪武二十六年进行了第二次改革。打破了三年一班的硬性规定。按各部门实际的需要，定位五年一班、四年一班、三年一班、二年一班和一年一班五种。正统之后，又有所改变。后来逐渐将二年一班和三年一班的都统一为四年一班，服役的时间有所减少。住坐匠是定居而将户籍编入京师或京师附近的大兴宛平等地的工匠。一般说是就地服役，所以叫做住坐匠，工作时间比轮班匠长，但享有月粮、值米的待遇，后来还有月盐的支给和免役的优待。

明朝实行的轮班匠和住坐匠制度，显然比元朝那种永久性充役的工匠制度有所进步。在明朝的工匠制度下，手工业者编入匠籍，应征到官方的手工业工场劳动，从事宫廷用品和军事用品的生产，但轮班匠每三四年为官府服役三个月，住坐匠每月服役十天，其余时间则可以自由安排，这就使几十万工匠仍有大部分时间进行社会生产，这不仅意味着工匠的人身依附关系部分松弛，而且也对社会经济的发展起到了一定的积极作用。

（二）明中叶的一条鞭法

自嘉靖十年起，明朝推行"一条鞭法"的赋役改革，即将各种赋役尽可能归并为几项货币税，以征收货币代替征收实物和征发差役。它最主要特征就是以土地为主要征税对象，以征收白银代替实物的征收；以县为单位统计差役、杂役所需人力、物力的总额，然后平摊到全县土地税中，作为土地税一起征收白银；另外将各种"均徭"改为按人丁数征收白银，称为"丁银"，由官府自行征收。

一条鞭法是中国古代赋役制度的一次重大改革，它以货币税代替实物税，结束了历代以来以征收实物为主的国家税收方式，废除了古老的直接役使农民人身自由的赋役制度，使人身依附关系有所松弛；以资产计税为主代替原来以人头为主的税收制度，有利于税赋的合理分担。它的制定和实施代表了明代开明地主阶级试图获得一种理想状态的各种努力：徭役完全取消；里甲体系不管在形式上还是实质含义上都不再存在；任何残留的人头税都将并入田赋之中。

而纳税人可以通过分期支付单一的、固定的白银来履行对国家的义务。

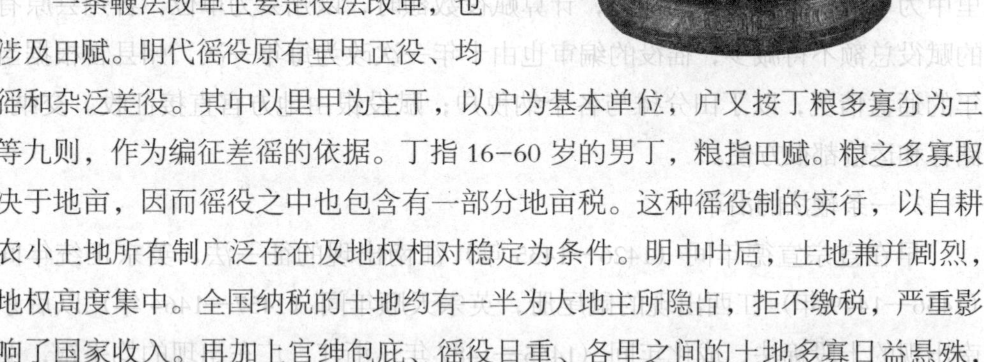

1. 一条鞭法的历史背景

一条鞭法改革主要是役法改革，也涉及田赋。明代徭役原有里甲正役、均徭和杂泛差役。其中以里甲为主干，以户为基本单位，户又按丁粮多寡分为三等九则，作为编征差徭的依据。丁指16–60岁的男丁，粮指田赋。粮之多寡取决于地亩，因而徭役之中也包含有一部分地亩税。这种徭役制的实行，以自耕农小土地所有制广泛存在及地权相对稳定为条件。明中叶后，土地兼并剧烈，地权高度集中。全国纳税的土地约有一半为大地主所隐占，拒不缴税，严重影响了国家收入。再加上官绅包庇、徭役日重、各里之间的土地多寡日益悬殊，原以里甲为编审单位的徭役制使民户的负担越来越不平均，不少农民破产逃徙。由赋役问题产生的阶级矛盾激化，农民起义接二连三地发生，明王朝处于危机四伏的境地。

况且明代的粮长制和里甲制，对人户实行严格控制，严重限制了人民的行动自由，这是与当时社会经济背道而驰的。

针对以上种种现象，不少人提出改革措施，国家从保证赋役的目的出发，逐渐把编征徭役的重心由户丁转向田亩。随着商品经济的发展，货币作用的上升，也为这一变革创造了条件。

2. 一条鞭法的内容

1581年，明朝内阁首辅张居正为挽救明王朝的内外危机进行了一系列大刀阔斧的改革，其中影响最为深远的就是在全国推行一条鞭法。一条鞭法将原来的田赋、徭役、杂税合并为一条，折成银两，把从前按户、丁征收的役银，分摊在田亩上，按人丁和田亩的多寡来分担，这就大大增加了赋税中的货币比重。

一条鞭法的内容与明初旧的赋役制度有显著的不同，其特点可以归纳为以下几个方面：明初赋役制度在田赋方面是两税，即夏税和秋粮，其后除了米麦之征外，还有布帛之征、折收钱钞之征等等。在役法方面有里甲、均徭等等，越来越繁杂。一条鞭法把原来众多的赋役项目化繁为简，或赋和役各自合为一条，或赋役合为一条；旧的役法有银差和力差，根据户、丁标准进行签发。实行一条鞭法后，徭役一律征银，取消力役，由政府雇人。役银的编派，亦由原

先的由户、丁分担变为以丁和田地来分担；明初的田赋征收主要是以“本色”实物为主，折色银的比例很小。一条鞭法规定，除苏、松、杭、嘉、湖地区供应京师宫廷的漕粮外，其余地区的田赋一概征收白银；明初征收田赋和徭役以里甲为单位，实行一条鞭法后，计算赋役数额时，以州县为单位，各州县原有的赋役总额不得减少，徭役的编审也由十年一次改为每年一次，州县官根据当年的通盘情况，以丁田分摊与各个纳税户；赋役银由地方官直接征收。交纳、储存和运输都很方便。

3. 一条鞭法的沿革

早在宣宗宣德年间（1426—1435 年）江南出现的征一法，英宗正统年间（1436—1449 年）江西出现的鼠尾册，英宗天顺年间（1457—1464 年）以后东南出现的十段锦法，成化年间（1465—1487 年）浙江、广东出现的均平银，弘治年间（1488—1505 年）福建出现的纲银法，都具有徭役折银向田亩转移的内容。

但这些改革只是在少数地区实行。推行全国的一条鞭法是从嘉靖九年（1530 年）开始的。实行较早的首推赋役繁重的南直隶（约今江苏、安徽）和浙江，其次为江西、福建、广东和广西，但这时也只限于某些府、州、县，并未普遍实行。由于赋役改革触及官绅地主的经济利益，阻力较大，在开始时期进展较慢，由嘉靖四十年至穆宗隆庆（1567—1572 年）的十多年间逐渐推广。

万历初首辅张居正执政时期，经过大规模清丈后，才在全国范围推行，进展比较迅速。万历十年（1582 年）后，西南的云贵和西北的陕甘等偏远地区也相继实行。但即在中原地区，有些州县一直到崇祯年间（1628—1644 年）才开始实行。前后历经百年。

由于历史条件的限制，有明一代，一条鞭法未能认真贯彻执行。在已实行的地区，有的地方官府仍逼迫农民从事各种徭役；有的额外加赋，一条鞭之外更立小条鞭；更严重的是借一条鞭法实行加赋，有的地区一条鞭原额每亩税银五分，崇祯年间为了抗击后金有的甚至加至一钱以上，即晚明三饷（辽饷、练饷、剿饷）的加征，骤增重负，一条

鞭法遭到严重破坏。

4. 一条鞭法的意义

一条鞭法的推行，使明政府的收入有了显著的增加，财政经济状况也有不少改善。国库储备的粮食多达一千三百多万石，可供五六年食用，比起嘉靖年间国库存粮不够一年的情况，是一个很大的进步。

一条鞭法是我国赋役制度史上的重大改革，它的重要意义在于：它简化了赋役的征收手续，改变了以前赋与役分征的办法，使二者合而为一，并出现了“摊丁入亩”的趋势；役归于地、量地计丁、纳银代役的规定，相对减轻了农民的负担；徭役征银的办法使农民对封建国家人身依附关系有所松驰，为城镇手工业增添了较多的劳动力；由于赋税征银，对货币地租的产生和部分农作物的商品化起了一定的促进作用。同时适应了商品经济发展的需要，促进了货币地租的发展，有利于农业商品化和资本主义萌芽的增长。它推动了中国封建赋役制度的进步，为清初“摊丁入亩”的变革奠定了基础。

（三）清代的摊丁入亩

1. 摊丁入亩的历史背景

摊丁入亩是清朝统治者为缓和土地兼并、维护自身统治而实行的一项政策。清政权刚刚入关的时候，他们的皇室、贵戚和大大小小的官吏就疯狂地圈占汉人土地，也就是著名的跑马圈地；土地兼并由此一发而不可收拾。后来随着游牧文明向农耕文明的转化，地主经济复苏，清朝统治阶级对土地的兼并更加热衷和疯狂。他们以购买或直接索取等多种手段进行无休止的土地兼并，剥夺了大量自耕农的土地。尤其在当时，商品经济已经有了一定程度的发展，土地也被纳入商品的范畴进行交易，地权转移因此大大加速。土地集中已经达到了无可复加的地步，农村里自然产生了大量没有耕地、没有产业的男丁，这对清政府的统治有害无益。

其次，丁役负担严重不均。清代前期征收赋役的原则是以土地和人口为依

据的一条鞭法，但是农民大量流亡，原本制定的税额和徭役总量摊派到没有流亡的农民身上，使得农民负担极度沉重。这样，丁役负担的严重不均反过来又继续加重了农民的逃亡，使政府户籍管理和赋税收缴更加困难。

总之，人丁逃亡和丁役不均引起的一系列连锁反应，终于严重威胁到清政府的统治。首先是赋税收缴困难，政府钱粮严重亏空。从康熙五十年到雍正四年的一百年间，大多数省份积欠的钱粮高达几十万到几百万不等。其次，丁役负担沉重地压在没有逃亡的无地或少地农民身上，造成了阶级矛盾的尖锐化，农民集群围攻官府的事件时有发生，农民起义此起彼伏。因此，采取摊丁入亩的政策就成为维护清政府统治的必然选择。因为摊丁入亩的原则是人丁多的田地就多、人丁少的田地就少，但是也保证其拥有田地，所以田多丁少的地主阶级被迫承担更多的赋役，土地兼并得到了一定的限制。摊丁入亩以后，地主阶级的利益不再像明代以前那样优厚，土地的负担大幅度加重，使得阶级矛盾得到了一定的缓解。

2.“摊丁入亩”的内容

清朝入关以后，宣布以明代的一条鞭法征派赋役，并免除一切杂税和晚明时的三饷。但是由于当时战争仍然频繁，这条规定并没有真正执行，各种杂税和杂役仍不断增多。

同时，一条鞭法虽然把针对徭役的税银转移向田地的亩数征派，但丁银（也就是人头税）从未废除。到康熙年间(1662—1722 年)，人民的丁银负担极为繁重，有些地方例如山西等地每个男丁的人头税高达四两银子，甘肃巩昌高达八九两银子。农民根本无力支付，只能被迫逃亡，拒绝交纳丁银，导致了男丁人数无法统计、丁银收缴难以完成的状况。为了解决这个问题，康熙五十一年清政府宣布，以康熙五十年(1711 年)全国的丁银总数为准；此后再增加的人口不必缴纳人头税，声称“圣世滋丁，永不加赋”。

到了雍正年间(1722—1735 年)，清政府又进一步采取了地丁合一、推丁入亩的办法，即把康熙五十年固定的丁银（人丁二千四百六十二万两、丁银三百三十五万余两）平均摊入各地田税当中，统一征收。从此，人头税就完全随田税一起征收，成为清朝固定的

赋役制度。

3. 摊丁入亩的意义和局限性

摊丁入亩与一条鞭法相同的地方在于把人头税统一到土地税中一起征收。但两者又有不同，主要体现在：一条鞭法的“指丁”的是差役，摊丁入亩的“指丁”的是丁银；一条鞭法只在某些州县推行，各地情况相差很大，摊丁入亩则在“永不加赋”的国策层面加以固定，广泛推行到全国范围。

摊丁入亩结束了长期以来田税、人头税与力役交织的混乱赋役制度，完成了人头税合并进入财产税的赋税合并过程，是我国赋税制度的一个进步。其历史意义和局限性主要体现在以下几个方面。

首先，摊丁入亩以后，社会生产力得到一定程度的发展。当然，这并不完全是摊丁入亩的赋税制度造成的，其中包含了生产力发展的惯性作用。同时值得注意的是，这段历史时期，社会生产力得到了发展，与同一时期欧洲方兴未艾的工业革命相比，仅仅是现有生产力的量的增加而不是质的飞跃。特别是农业的发展仅仅表现在耕地面积和劳动力的增加——这正好说明农村控制了比以前更多的人口，手工业上只是工艺和专业化方面的某些改进；而作为生产力因素中重要一环的生产工具，并没有实质性的突破。由此可见，清代的生产力发展是十分有限的。

其次，摊丁入亩抑制了土地兼并，使得大量自耕农可以有条件地生存下来，有效地维护了清朝的统治。自耕农就是自己拥有土地、自己耕种的农民，是封建政权各种赋税和徭役的主要承担者。封建社会中,自耕农的地位是孤立且极不稳定的,所占有的土地是少量的,只能作为自己生存的条件,而不用于剥削他人。我国古代，农业人口长期占人口总数的百分之九十以上，因此自耕农人口的多少，往往被看做是封建经济制度稳定的指示剂。正因为这样，历代地主阶级改革者，总是主张用均田或者限田一类的办法来保护自耕农的数量。从这个角度来看，摊丁入亩是具有积极意义的；但是局限性也同时出现了——对封建经济有很大适应性的自耕农，是不适应资本主义萌芽和发展的。从工业革命前后欧洲各国的圈地运动可以清楚地看到，通过圈地运动使大量失地农民作为自由劳动力去参加工业生产，是一个共通的历史阶段。新的资本主义萌芽所需的条件

无法在自耕农中形成，是因为自耕农生产规模狭小、满足于自给自足的层次，社会分工难以发展，资本主义生产方式所需的各种条件都不具备。

第三，摊丁入亩助长了人口的增殖。以湖北为例，实行摊丁入亩之前，每年人口的增殖很小，实行摊丁入亩之后，由于人头税被取消、人丁按照规定可以获得一定数量的土地，人口增长大大加快。但是局限性在于：人口的激增不仅不能帮助提高生产力，反而限制了生产力的发展。因为生产资料的增长被用来抵消人口的增长，大多数劳动力忙于生产生活消费资料，农产品中的商品部分必然降低，用来扩大再生产所需的物资、人力都不足，整个社会的生产活动处在一个低层次建设和扩充的阶段。

（四）清代的商税

清代咸丰(1851—1861 年)以前的商税条例，大体上继承了明代的一系列规定，又在明代商税法的基础上增加了牙税、当税和契税等专项税收。

牙税就是针对牙行的一种特别营业税。牙行，是指中国古代和近代市场中为买卖双方介绍交易、评定商品质量和价格的中间商。雍正年间规定，牙帖(经营牙行的执照）由户部颁发，每五年配发一次新帖；每年还要征收一定的牙税，此外根据资产、买卖成绩的不同，每家牙行每年缴纳营业费五十两到一千两不等。

当税就是当铺的营业税。顺治九年制定了当铺的税例，规定每个当铺每年固定纳税五两。康熙五年又规定，根据当铺的经营规模，每年征收银两从二两五钱到五两不等。此后又产生了很多针对当铺的附加税，税额也逐渐增高，到光绪年间(1875—1908 年)增加到五十两。

顺治四年(1647 年)规定，民间买卖土地房屋的时候，卖主缴纳卖价的 3 %作为契税，当地官府在契约书上盖官印作为凭证。雍正七年又将契税提高了一个百分点，用作科举考试的考场建设、维

护的费用。乾隆十四年又对契税法进行了进一步的细化和严格规定。其中，对契约的印制、填写及保存做了很多详细的要求。例如，无契尾（契尾就是在契约书后面记载具体交易日期、卖主、引进人、见证人和代书人）者，照漏税律例论罪；并且提高了税率，买家需要支付的契税为 9 %，典契（就是典当土地的契约书，一般不经官府，完全由民间自行协议，但一般都标注了回赎内容的条款）的税率为 4.5%。

五、中国古代赋役制度发展的规律和特点

纵观整个中国古代赋役发展，我们可以把中国古代赋役分为四大类，包括以人口为依据的人头税和以人丁为依据的丁税；以户为依据的财产税，即调；以田亩为依据的土地税（田租）；以成年男子为依据的徭役、兵役和其他苛捐杂税。

（一）我国古代赋税制度沿革的一些规律

1. 由向国王纳税转变到国家征收土地税。

2. 征税标准从以人丁为主向以田亩为主过渡，人头税在赋税中所占比例越来越少并最终废除，以唐代的两税法和清代的地丁银制度为标志。

3. 由实物地租逐渐向货币地租发展。

4. 由农民必须服徭役和兵役发展为可以以实物或者货币代役，以隋代的征庸代役和明代一条鞭法为标志。

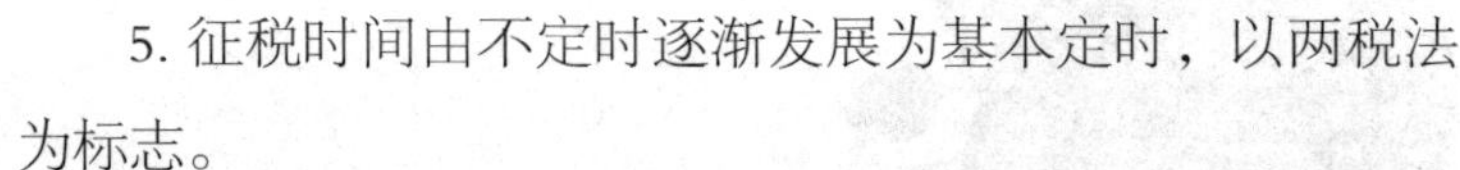

5. 征税时间由不定时逐渐发展为基本定时，以两税法为标志。

6. 税种从繁多到单一，呈现逐渐减少的趋势，以一条鞭法为标志。

7. 随着商品经济的发展，对商品征收重税。

这种演变说明，随着历史的进步封建国家对农民的人身控制松弛；用银两收税则是封建社会后期商品经济活跃及资本主义萌芽产生的相应反映。

中国古代赋役制度演变的实质是封建生产关系的调整；封建国家对农民人身控制的松弛是历史发展和进步的必然结果；用银两收税是封建社会后期商品经济发展和资本主义萌芽的反映。

（二）中国古代赋役制度的本质特点

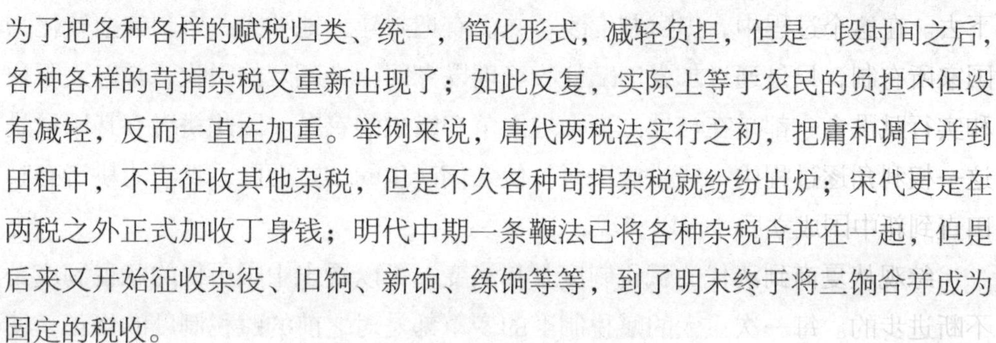

1. 难以减轻的赋税——黄宗羲定律

中国古代每一次重要的税制改革都是为了把各种各样的赋税归类、统一，简化形式，减轻负担，但是一段时间之后，各种各样的苛捐杂税又重新出现了；如此反复，实际上等于农民的负担不但没有减轻，反而一直在加重。举例来说，唐代两税法实行之初，把庸和调合并到田租中，不再征收其他杂税，但是不久各种苛捐杂税就纷纷出炉；宋代更是在两税之外正式加收丁身钱；明代中期一条鞭法已将各种杂税合并在一起，但是后来又开始征收杂役、旧饷、新饷、练饷等等，到了明末终于将三饷合并成为固定的税收。

这就是著名的“黄宗羲定律”。清代思想家黄宗羲在其著作中首次总结了古代赋税难以减轻的现象和原因。他分析指出，赋税每经过一次改革，都将杂征变为正税，以后又出现新的杂征，这样下去反而使赋税不断加重。黄宗羲定律反映了历史上赋税不断加重的客观实际，揭示了奴隶主、地主统治阶级贪得无厌、横征暴敛的本性，实际上指明了我国封建专制王朝时代税费改革的一个怪圈。

2. 难以实现的理想——“耕者有其田”

在中国历史上，孟子最早提出使“民有恒产”的政策，意思是说要让老百姓拥有一些基本的生产资料。孟子希望统治阶级可以顾虑到普通百姓的生活，使人民温饱，有能力供养父母妻儿，荒灾之年不至于饿死；由于当时主要的生产资料就是土地，因此其实质就是耕者有其田。在两千多年的历史中，耕者有其田成为广大农民一辈又一辈的理想和愿景；历代农民起义和地主阶级的变法改革，都是以此为蓝本和标准的；从明末李自成的“均田免粮”到近代孙中山的平均地权，都是在为了这个理想而奋斗。

中国古代以农业作为立国之本，以土地为依据的田租始终是古代赋税制度必不可缺的重要组成部分。秦代以后的各个朝代，几乎都不同程度地实行过均分田地的田制改革，由此产生的土地税变革虽然名目繁多但还是有规律可循的，其基本规律一般是：前一个王朝的后期出现土地兼并、农民流亡和户口隐匿的

现象，然后统治阶级为了解决财政困难而加大赋税征收的范围和力度，由此激起农民起义和地方割据势力的兵变；新的王朝建立后，几乎都要面对土地大量荒芜、社会经济凋敝和民不聊生的局面，于是各代新王朝都迫不得已采取一些均分土地的措施和制度；之后经过一段时间，新王朝的土地兼并、农民流亡又再度恶化，中央政权与地方豪强地主的斗争在赋役制度变迁史上继续循环往复下去。在这个过程中，田赋制度改革并没有把封建土地私人占有制完全转化为国家所有制，只是通过加强田赋征收管理以夺回中央朝廷的税收，减轻人丁税和实行赋役合一都是在与地方豪强地主争夺缴税的农民。因此耕者有其田只是这一权利角逐过程中一些措施手段，使人们产生的幻觉而已，真正的耕者有其田直到新中国成立后才得以实现。

综观从夏商到清代的赋税制度及其演变，可以看出中国历代的赋税制度是不断进步的。每一次重大的赋税制度的变革都是对之前的赋税制度的修正，使之趋于合理、行之简便，对当时社会的经济发展和政治稳定作出了贡献。马克思说过，赋税是政府运行及实施管理的经济基础。中国古代税法及其确立的赋税制度，是建立在奴隶制经济基础或封建地主经济基础之上的上层建筑，是奴隶主阶级或封建地主阶级维护其统治的工具，是为当时的统治阶级利益服务的。历代封建王朝的税法规定，赋税按田亩、户等和丁口承担。但是，对于地主来说，他们并不从事生产劳动，他们所缴纳的税实际上是农民所提供的地租的一部分，也就是不管怎样改革，农民的赋税都出于地租的本质不会改变。因此，归根结底，赋税是农民剩余劳动的转化形式，是地主阶级对农民阶级的剥削。

中国古代刑罚与刑具

自古至今，儒家和法家的政治观一直在此消彼长中，“德”和“刑”及其两者并用便被视为治国安邦的良策，因此，以刑法和刑罚为中心的古代法律制度也就必然成为中国传统文化的重要组成部分。刑罚作为古代法律制度的重要组成部分，其发展与变化，实质上是整个中国社会发展与进步的浓缩。刑罚体系的发展与变化的原因多种多样，其总的发展趋势还是从原始的野蛮、落后、残暴向着文明、慎刑的方向发展。

一、中国古代刑罚的发展变化及其原因

（一）中国古代刑罚的发展与变化

原始社会，在舜禹统治时期，确认了不少有关处罚的规定，但那时并不成法，而只是以“习惯”的方式出现。例如，舜时已有了“将贪赃（墨）行为与劫掠（昏）杀人行为并列，一并处罚”的处罚习惯，体现了当时的社会已经注重对行政人员的整治和管理，严厉制裁渎职、贪污行为。而《汉书·刑法志》中说：“(禹）自以德衰而制肉刑。”即禹根据当时人们道德日益衰败的状况制定了肉刑，据《尚书·吕刑》的记载，当时的肉刑为“劓（yì）、刵（èr）、椓(zhuó)、黥（qíng）”四种。

中国第一个奴隶制国家夏朝正式建立后，奴隶社会便逐步确立了“黥、劓、刖(yuè)、宫、大辟”五刑制度，其中前四种仍为肉刑，大辟则为死刑。如据《左传·昭公六年》记载，夏朝所规定的犯罪有三千条。据《尚书·大传》《周礼》等书记载：“大辟罪二百条，刖三百条，宫罪五百条，劓罪一千条，黥罪一千条。”

商代不仅进一步完善五刑，其中死刑除去斩刑外，还有醢（hǎi）、脯、焚、剖心、刳（kū）、剔等刑杀手段，可见商代刑法更为严酷。

西周则形成了以“圜土之制、嘉石之制”为名的徒刑、拘役等刑罚，并制定赎刑、流刑等制度作为夏商五刑的补充，这一时期的奴隶制刑罚发展到了成熟阶段。

春秋战国时期的刑罚仍然以五刑为主，残酷性并没有改变，商鞅被处死时，即用车裂之刑。这一时期为奴隶制刑罚向封建制刑罚过渡的阶段。

秦始皇统一天下后，其刑罚也出现了新的变化，主要有笞、徒、流放、死、肉、羞辱、经济、株连几大类。其中前五类相当于现代的主刑，后三类相当于现代的附加刑。然而，秦法的刑罚尚未形成完整的体系，因而有着明显的过渡特征。

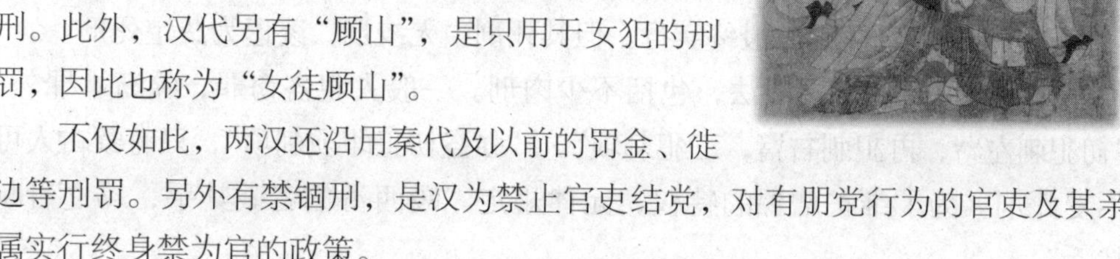

汉代对刑罚进行了改革。汉文帝十三年，下诏废除肉刑，着手改革刑制。除废除肉刑外，还有秦朝的“连坐”罪，即株连也一并废除。至此，减轻刑罚的目的基本实现。

关于徒刑，汉初时沿用秦制；但是汉代已经有了明确的刑期。如髡钳城旦舂，五岁刑；完城旦舂，四岁刑；鬼薪白粲，三岁刑；司寇和作如司寇，皆二岁刑，男罚作和女复作，皆一岁到三月刑。此外，汉代另有“顾山”，是只用于女犯的刑罚，因此也称为“女徒顾山”。

不仅如此，两汉还沿用秦代及以前的罚金、徙边等刑罚。另外有禁锢刑，是汉为禁止官吏结党，对有朋党行为的官吏及其亲属实行终身禁为官的政策。

三国两晋南北朝时期刑罚体系较前朝有了很大的变化，刑罚的总的变化特点是逐渐宽缓。“割裂肌肤，残害肢体”的刑罚手段逐渐减少，已开始向新的封建制五刑过渡。主要体现在：1.废除宫刑制度。北朝西魏在大统十三年（公元 547 年）下诏禁止宫刑：“自今应宫刑者，直没官，勿刑。”北齐在天统五年（公元 569 年）也诏令废止宫刑：“应宫刑者普免为官口。”2.规定了鞭刑与杖刑。这一刑罚缘于北魏，并被北齐北周沿用。3.规定流刑为减死之刑。南北朝时期，把流刑作为死刑的一种宽待措施。如北周时规定流刑为五等，每等以五百里为差，以距都城二千五百里为第一等，至四千五百里为限，同时附加鞭刑。4.缘坐范围有所变化，这种变化主要体现在对妇女缘坐的变化上，总的趋势是缩小范围，但司法实践中却多有扩大。在整个南北朝时期缘坐的范围也有反复。《梁律》创从坐妇女免处死刑的先例。

隋代的《开皇律》删除不少苛酷的刑罚内容。废除不少残酷的生命刑，把死刑法定为绞、斩两种。对流刑、鞭刑均作修改。隋文帝明确说明：“绞以致毙、斩则殊形，除恶之体，于斯已极。”所有“枭首轘（huàn）身”与“残剥肤体”的鞭刑都废除不用，确立了封建制五刑。

唐刑罚比以前各代均减轻，死刑、流刑大为减少。死刑只有绞、斩两种；徒刑仅一年至三年；笞杖数目也大为减少。更重要的是，其适用刑罚以从轻为度。唐律被认为是我国古代社会“得古今之平”的刑罚中的典范。

宋创设了一些新的刑罚制度。1.刺配刑。宋太祖为宽恕死刑罪犯而立刺配之法，刺面、配流且杖脊，是对免死人犯的一种代用刑。但后来则成了常用刑种之一。2.凌迟刑。宋时将五代的法外刑凌迟作为法定刑种，初时适用于荆湖之地所谓以妖术杀人祭鬼的犯罪。但后来适用范围越来越广泛。3.折杖法。宋太祖创立折杖法，作为重刑的代用刑。但因存在不足，即“良民偶有抵冒，致伤肢体，为终身之辱；愚顽之徒，虽一时创痛，而终无愧耻”。所以，在宋徽宗时又对徒以下罪的折杖刑数重作调整，以减少对轻刑犯的危害。

元法初为习惯法，成吉思汗时有斩决、流放、责打条子等刑罚，后逐渐向汉代的五刑体制过渡，并最终实行。但其死刑中无绞刑，凌迟为法定死刑。

元朝仍保留许多习惯法，包括不少肉刑。一般人犯盗窃罪，除断本罪外，“初犯刺左臂，再犯刺右臂，三犯刺项”。“强盗初犯即须刺项”，只有蒙古人可不受此刑。为了维护僧侣的特权，元律规定“殴西番僧者截其手，骂之者断其舌”。

元朝有警迹人制度。强盗窃犯在服刑完毕后，便被送至原籍“充警迹人”。即在其家门前建立起红色墙壁，在墙壁上写上罪犯姓名、所犯罪状、所为事由，由邻居监督其行为举止，并且每半年和罪犯一同到官府接受督察。若其五年不再犯罪则将不再受监督，而若再犯则要被终身拘籍。

明清的刑罚有新的发展变化，其特点是刑罚更加残酷化，并大量复活了肉刑。明清时的刑罚变化主要有：

1. 死刑。明、清两朝在法律上恢复了枭首示众之刑，并且范围逐步扩大。此外，明清时期的死刑执行方面还有一些更加残酷的方式，如“剥皮实草”“灭十族”“戮尸”等。清朝针对死刑还有一个独特的制度，即斩立决和监候制度。

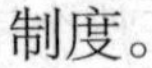

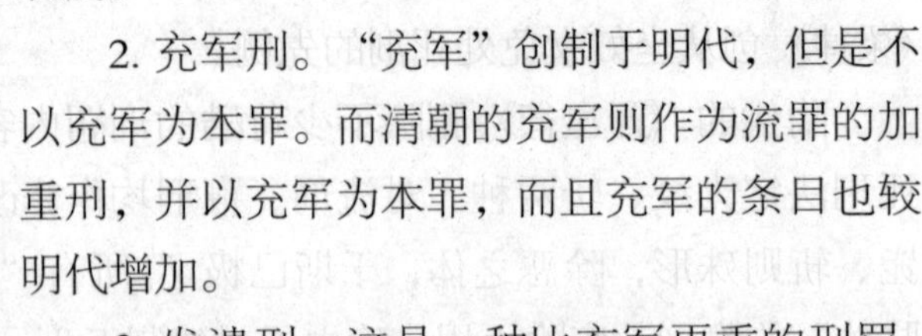

2. 充军刑。“充军”创制于明代，但是不以充军为本罪。而清朝的充军则作为流罪的加重刑，并以充军为本罪，而且充军的条目也较明代增加。

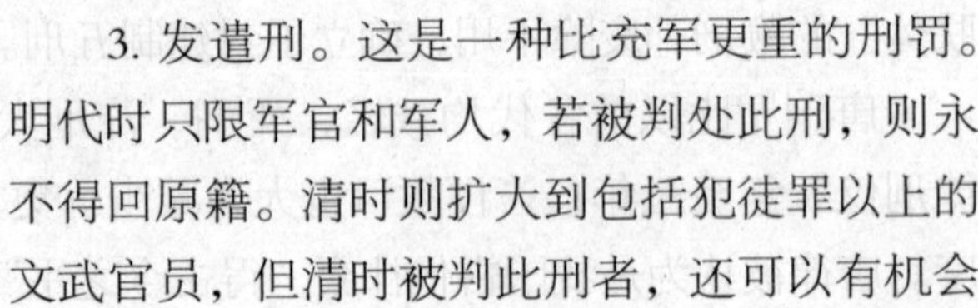

3. 发遣刑。这是一种比充军更重的刑罚。明代时只限军官和军人，若被判处此刑，则永不得回原籍。清时则扩大到包括犯徒罪以上的文武官员，但清时被判此刑者，还可以有机会

放还原籍。

4. 枷号。是明朝首创的耻辱刑，后演变成一种致命的酷刑。清时对一些伦理性和风化犯罪，用此法。

此外，明代还有廷杖制度。指宫廷中对违抗皇命的大臣直接施以杖刑的法外刑罚。

总结来说，中国古代刑罚制度的发展过程，大致经历了这样几个阶段：一是夏商周刑罚制度起源阶段；二是战国至魏晋南北朝刑罚制度的发展阶段；三是隋唐时期刑罚制度全面确立较为完备阶段；四是宋元明清刑罚制度相对稳定并向近现代转化阶段。从中国刑罚制度发展来看，刑罚目的从报应刑向惩诫阻止刑转变，刑罚的形式从以肉体罚为主向以自由罚为主转变，刑罚适用由重刑为主向轻刑为主转变，这一演变是中国古代社会历史发展、阶级斗争的产物，不仅是由统治阶级的属性决定，同时也与中国传统法制文化思想和刑罚价值观念密不可分。

（二）中国古代刑罚演变的原因

大体上，中国古代刑罚发展变化的原因有以下几个方面。

1. 社会经济的发展和人类文明的进步及当权者指导思想的不断变化导致了刑罚的发展变化。法律制度是社会上层建筑的重要组成部分，任何法律制度的产生、发展及其形成，都是与当时的政治、经济、文化等社会经济条件紧密相连的。原始社会时期，没有国家、没有法律、生产力水平低下、人类认识自然的能力低下，当时的原始习惯也是由以采集和渔猎为标志的低下生产力水平决定的，惩罚方式简单残暴。后来由于生产力的发展，私有制成为主导，逐渐产生了相当多的习惯法。随着经济的进一步发展，随着人们对物质世界的进一步认

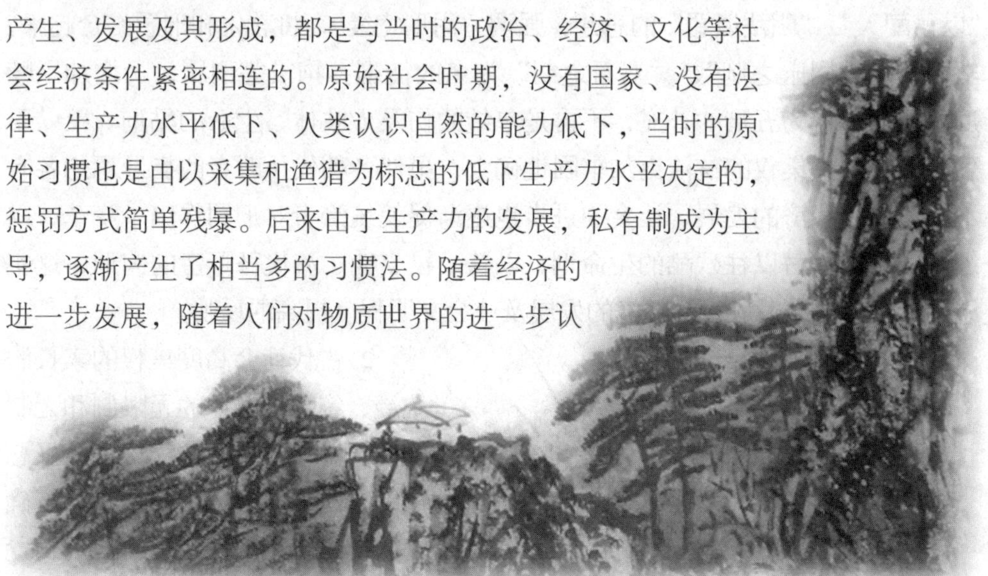

识，刑罚的体系逐渐完善，目的性也更加专一，即保护私有制财产，保护人身权利，维护政治统治。自夏朝建立第一个奴隶制国家起，我国古代社会一直坚持以刑罚为中心的法律体系。

由于专制、集权贯穿我国几千年的古代发展史，中国古代的法律文化也有鲜明的中国特色，刑罚的随意性导致大量地充斥于刑法之中的完全是对人的生命的漠视。

从简单的同态复仇到夏、商时期的奴隶制刑罚，直至演变到封建社会的“五刑”，刑罚的变化，同当权者的统治思想有着密切的联系。中国古代社会一直是集权的家长制统治，王或皇帝是国家的主宰，所谓家天下，“普天之下，莫非王土。率土之滨，莫非王臣”。所以，法律也集中体现了维护王权统治的基本指导思想。崇尚刑法，重视刑罚，使我国古代不管民事、行政、刑事的制裁，无一例外地采用刑罚的手段。法律不但凭借严酷的刑罚手段惩办危及王权统治的政治性犯罪，同时也严厉制裁破坏国家统治、扰乱社会程序的刑事犯罪。统治者从长期的实践中体会到，既要使犯罪者受到惩罚，又能保存其劳动能力才是更为有利的。所以刑制的改革，更加适应了经济基础的需要，同时也能更好地维护其统治。夏、商时期人们认识自然的能力十分有限，同时又刚刚从原始野蛮时代演变而来，维护王权成为其首要的目的，同时人的愚昧无知又使统治者假借天意的图谋得以实现，虽然其刑罚十分野蛮残酷，但是统治者借天的名义，成功地表明其刑罚的合理性。同时，统治者鉴于前朝的教训，至周时提出“以德配天”“明法慎罚”的思想，强调“用刑宽缓”，将教化和刑罚结合起来，出现了以“圜土之制”，“嘉石之制”为名的徒刑、拘役等刑罚，又增加了赎刑、流刑等作为五刑的补充，不再是单纯的伤及人肢体、生命的酷刑。秦以后到明清，中央集权的统治更加牢固地确立，虽然各朝代执政者的指导思想各有不同，但是经济的发展、社会的进步也逐渐促使统治者对刑罚作出了变革，以绞、斩死刑代替以往残酷的生命刑，以笞、杖、徒、流代替野蛮的肉刑，这实质是统治者逐渐适应社会经济的发展及社会文明程度提高的反映。

2. 古代社会高度集权的家长制统治、统治者权力的无限制和无制约性，导致当权者往往凭一己好恶行事，使刑罚形成了不稳定和不确定的特点。所以，我国古代刑罚发

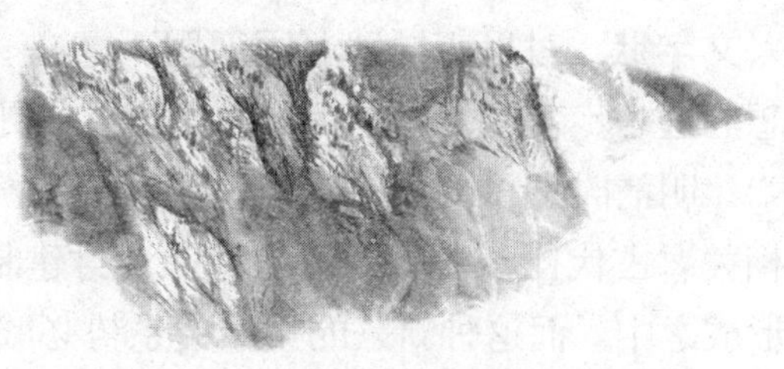

展变化的进程中人为的痕迹浓重；总趋势是朝着宽缓的方向发展，但是其中也多有反复。我国古代社会自从有国家以来，无论是不成文立法的时代，或者是成文法时代，法律对刑罚的种类都有明确的规定，但是经常有随意增加法外刑罚的情况。隋初，制定《开皇律》《大业律》，强调用法宽缓，然而隋炀帝并不依律行事，他“更立严法”，并恢复枭首、灭九族等酷刑，自毁法制，滥施淫刑。又如唐时法律为我国古代之最鼎盛时期，但是法外施刑的现象也层出不穷。武则天时，酷臣周兴、索元礼、来俊臣非法采用酷刑摧残人犯，将人犯“禁地牢中，或盛之如瓮，以火圜炙之，兼绝其粮饷，至有抽衣絮以啖之者”。明时，皇帝设厂卫特务机关，滥用刑罚更为严重。清律中根本没有关于文字狱的直接规定，但所有的文字狱均是按照谋反、大逆定罪，是最严重的犯罪，并且处以最严厉的刑罚。所以，古代专制制度下，皇帝的行为往往使法律沦为一纸空文。

另一方面，较为开明的当权者的举措，又会带来不同的后果。据史载，汉初文帝改刑罚的原因，是为缇萦的孝心所感动，遂下诏说：“刑至断肢体，刻肌肤，终生不息”是“不德”。由此引发了汉初刑罚的改革。

所以，在我国古代社会以仁者治国的指导思想下，法制的推进显然有其偶然性，但是反过来说，这样的发展变化也是社会进步的必然结果。

3. 宋元明清法制由轻向重变化的原因。从秦汉至隋唐，刑罚制度的发展趋势一直是由繁杂残酷转向简明轻缓。其间有汉文帝废肉刑的改革、三国两晋南北朝的刑制改革及隋文帝法定五刑，至唐时法制达到巅峰，其影响直至宋、元、明、清，但是宋、元、明、清虽以唐制，其刑罚较前朝又趋残酷、繁杂，并且复活了肉刑，死刑的执行方式也有增加。从历史上看，宋、元、明、清时期是我国小农经济继续发展并且最终没落，而商品经济逐渐萌芽之时，社会的矛盾日趋激化，统治者为维护其统治，更加加强中央集权，用重典治天下，故而刑罚更加残酷，这也是中国古代社会后期刑罚的重要特点。至明清，发展尤为明显，其特点就是限制商品生产和商品经济的发展。在资本主义萌芽已经诞生的条件下，仍然坚持重农抑商的传统，实行“禁海闭关”，延缓了资本主义生产关系的形成和发展。明时增加许多法外酷刑，而清朝又处于古代中国向近代化发展的复杂时期，更加以空前的严刑峻法推行政治思想的高压统治。明清时期大

兴文字狱，对思想异端严厉惩罚，这在一定程度上阻止了我国古代社会先进思想的进一步发展，也是我国古代社会一贯的愚民政策的体现。

明清时期重刑观点同当时的社会经济发展状况和社会矛盾的错综复杂密切相关。古代社会发展到明清时期，封建制度已经走向末路，新的生产关系正在形成之中。而这种新兴的生产关系势必威胁到封建统治集团的切身利益，所以，统治者为了维护政治上的专制统治，必然钳制广大人民的思想和舆论，甚至不惜动用残酷的刑罚手段，遏制自由思想的兴起。

4. 刑罚的变化与发展同特定的社会发展现状紧密相连。我国古代社会发展的不同阶段，或者同一阶段的不同时期，社会的政治、经济、文化等各个层面的发展不尽相同，所以，在社会发展的不同时期，会形成不同的特色。刑罚作为法的重要组成部分当然也有不同的发展和变化，从夏商以来历代统治者在运用刑罚统治社会的过程中逐渐积累了丰富的用刑经验，至西周时，形成“刑罚世轻世重”的理论。《尚书·吕刑》说“轻重诸罚有权，刑罚世轻世重”。“刑新国用轻典，刑平国用中典，刑乱国用重典。”这种思想逐渐融入中国传统政治理论之中，刑罚的发展变化实际上也体现了这种理论在治国实践中的运用。战国时期，群雄并争，天下大乱，当时刚刚兴起的地主阶级在制定法律的时候就特别强调重视重刑，用刑严酷。唐时，社会经济的发展较为迅速，国家实力明显增强，所以，这一时期奉行用刑持平，“刑平国，用中典”的策略，体现到刑罚上，变化为宽严适中，简约易明，由此带来的是社会更加稳定，经济更加繁荣，使唐帝国成为当时亚洲政治、经济、文化的中心。宋、元、明、清时期，统治者都是在天下大乱，群雄纷争中夺取天下，都认为身处乱世，强调治乱世用重典，所以这一时期的刑罚一反隋唐以来的轻刑中典政策，又将刑罚导入峻法酷刑的时期，走上了回头路。然而，严刑酷法带来的不是统治者的长治久安，残酷的镇压反而加快了王朝覆灭的步伐。

二、奴隶制五刑

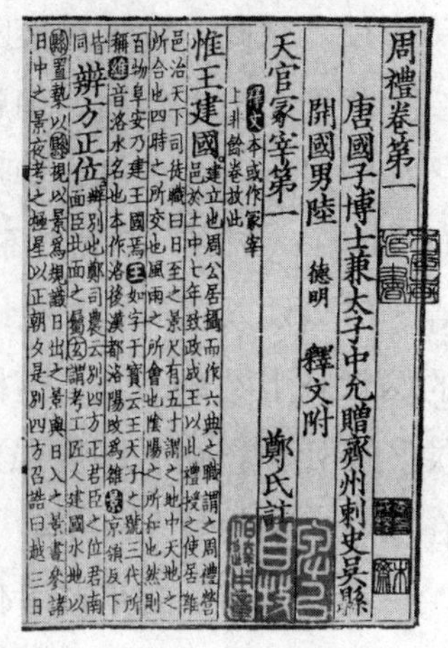

周禮卷第一

唐國子博士兼太子中允贈齊州刺史吳縣開國男陸德明釋文附

鄭氏註

天官冢宰第一

惟王建國

辨方正位

中国古代的五刑是五种刑罚的统称，可根据刑罚的出现、确立及作为主刑使用的时期的不同，分为奴隶制五刑和封建制五刑。奴隶制五刑是指黥、劓、刖、宫、大辟。其中除了大辟即死刑外，其他四种是对肉体的刑罚，而且受刑后无法复原。奴隶制五刑在奴隶制社会逐渐确立后，在汉文帝之前一直通行，其中有的刑罚甚至一直延续到后世。这五种刑罚并未完全包括当时的所有刑罚，但通行时间较长，因此对其进行详细介绍。

（一）黥刑

黥刑，也叫墨刑。这种刑罚实施时，先割破人的面部，然后涂墨，这样伤好后便会留下深色的伤疤。古有“中刑用刀锯，其实用钻凿。”的说法，其中凿就是实施墨刑的工具。

起初，黥刑是在额部刺墨。因为额头在脸的上部，因此墨刑也曾被称为天刑，即所谓的“黥凿其额曰天”。据《尚书·大传》《尚书·吕刑》《周礼》等书记载，夏、周规定的以黥刑处罚的罪行均多达一千条，该刑是五刑中最轻的一种。

到了战国、秦国时期，黥刑的使用仍较为普遍，并且还有了不同的种类。如《秦简·法律答问》中规定有对奴妾“黥颜頯”之刑。颜，指眉目之间，即面额中央，頯（kuí），是面部颧骨的意思。黥颜頯就是在人的面部中央及颧骨处刺墨。此外，《法律答问》中还规定了“城旦黥”，这应为对城旦所施加的特种黥刑。而对于处以其他刑罚的劳役犯人，秦也可能对其施加各种不同的特种黥刑，其区别可以表现在刺墨的位置上，也可能表现在刺墨的纹络或图形上，此时，黥刑不仅作为主刑出现，也变成了其他刑罚实施时的一种附加刑罚手段。

由于黥刑是在犯人脸上刺字，因此，具有很强的标记作用。到了汉代，人们逐渐认识到罪犯也可以改过自新，而黥刑等肉刑使人一旦受刑便终身难以再重新做人，不符合当时所倡的儒家治国以教化为先的原则，不利于通过教化使人改恶从善，因此汉文帝毅然废除了黥刑等肉刑，改黥刑为髡钳城旦舂，即五年劳役。从此，黥刑被废除，经过魏晋隋唐，都没有再使用过此刑。而在汉代废除此刑六百多年后，南朝宋明帝统治时期，再次使用黥刑，并且其标记作用更加明显，因为在施行黥刑时，给人留下的标记更加明确、具体了。明帝四年（468 年），制定了黥刖之制，规定：对于那些劫窃执官仗、拒战逻司、攻剽亭寺等应当处以斩刑的罪犯，如果遇到赦免，则“黥及两颊‘劫’字”。即在罪犯的两颊刺上“劫”字，这样，罪犯虽免一死，他人一见便知其犯了“劫窃执官仗”等死罪。这种制度虽然在宋明帝死后便不再使用，却为后人开了个恶头。在以后的梁武帝天监元年（502 年）的定律中，也作了类似的规定。

秦汉以前的黥刑或者作为主刑单独使用，或者作为城旦等劳役刑的附加刑使用。而在汉后再次兴起的黥刑，则多与其他刑并用。如上文提到的南宋的黥刖之制施刑的完整过程是“黥其两颊‘劫’字”，断去两脚筋，再徙付远州，实际上是黥、刖、流三刑并用。像这种黥刑和其他刑罚并用的制度发展到五代、宋、辽便成了刺配。后晋的刺配是以墨刺面并将犯人流放，即合黥刑、流放二刑于一身。而宋代的刺配则是合“决杖、黥面、配役”三刑为一身，《水浒传》中被逼上梁山的八十万禁军教头林冲、及时雨宋江、打虎英雄武松等均受过此等刺配之刑。

宋初所用刺配之刑，是延续后晋的制度作为对死刑的宽恕之法来使用，多由皇帝亲自决定。据《宋史·刑法志》记载，太祖开宝八年（975 年）发布了“岭南民犯窃盗赃满五贯到十贯者，决杖、黥面、配役”的诏令，使刺配成了定制。后来，这类诏令越积越多，使刺配成为使用非常频繁的一种刑罚而失去了其起初的宽恕死刑的意义。刺配之刑中，决杖，就是用杖击打犯人的脊背。而配役起初多是送往西北边区令服军役，后来由于犯人常逃亡塞外勾结外族入侵，因此改为发配到登州（今蓬莱）沙

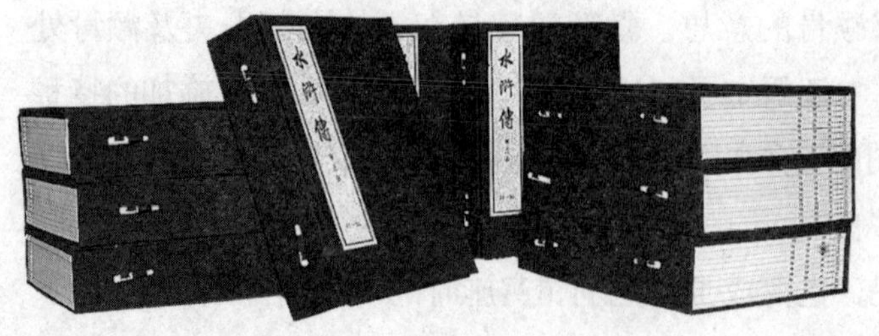

门岛、广南（今广东广西部分地区）和通州（今南通）等地区，有时也发配内地他州。而刺配之刑中的黥面即古代黥刑的复用。魏、晋时期屡议重设肉刑，但一直并未真正复兴，而宋代虽从无此议，却承五代之制恢复了古代肉刑中的黥刑。宋代刺墨的位置有刺面、刺额角和刺耳后等区别，刺墨的纹络也有不同，有的刺字，有的则刺上其他图形。如对强盗罪不处死刑的，在罪犯额头上刺“强盗”二字，这与南宋在两颊上刺“劫”字如出一辙；对于一般的盗窃犯，在其耳后刺上环形，对应当受徒、流刑者刺成方状，应当受杖刑者则刺成圆状，而屡次犯罪，应当受杖刑的，则在脸上刺环。刺墨的深度也有几种不同的情况，一般依据发配地区的远近而定，配本城的刺四分；配牢城的刺五分；配沙门岛和远恶州军的刺七分。

五代实行刺配的制度后，除宋代广泛采用外，辽也加以使用。辽圣宗统和二十九年（1011 年）发布诏令，规定三次犯盗窃罪的人，在额头上刺墨，并判三年徒刑；犯罪四次的人，则在脸上刺字，并判五年徒刑，这是黥刑与徒刑的并用。而后，辽兴宗考虑到犯罪者也有改过自新的可能，而若在其脸上刺字便会使其一生都带着耻辱，于是便又规定那些被判终身徒刑的罪犯，只刺其颈部，而犯盗窃罪的人，初犯在其右臂上刺墨，再犯则在其左臂上刺墨，第三次在其颈部右侧刺墨，第四次则刺在他颈部的左侧。

金代辽之后，则制定有“刺字充下军”之刑。到元代，刺刑的使用更加普遍。在元代的法律中，已不是规定在什么情况下用刺刑，而是规定在某些情况下“免刺”。元代的刺刑有同流放刑并用的，也有和杖刑并用的。其刺墨的位置也有分别，有刺臂、刺项等。如初犯盗窃者刺左臂，再次犯者刺右臂，第三次则刺项。因为元代使用刺刑较多，因此出现了许多特别的情况反映到法律中，使法律对此刑有十分详细的规定。如应该刺犯人左、右臂时，而其臂上有“雕青”，则要在无“雕青”的地方刺墨；如果罪犯将被刺之字自行除去而又犯了新罪，则要补刺；若已被刺臂的人把整个胳膊都刺上花纹，以掩盖原刺字样、纹络的，如果再犯盗窃罪，就要在背部刺墨；如果屡次犯罪，其左右项、臂都刺了字的而再次犯罪的，则在项下空处刺墨。然而，元代法律又特别规定：蒙古

人及妇人犯罪的，不刺字，如果审判官擅自将蒙古人刺墨，要对其施以杖刑七十并给予除名的处罚。

明清两代也延续使用了黥刑。明律规定，凡是白天抢夺别人财物的人，在他的右小臂上刺“抢夺”二字；若再犯此罪，则对右臂施以重刑；凡是盗窃偷得财物的，初犯的人在其右小臂上刺“窃盗”二字，再犯则刺左小臂。另外，明代还规定，若被刺者擅自清除字样的，补刺。在清代，窃盗罪也有刺字的规定，一般初犯刺右臂，再犯刺左臂，第三次则刺右脸，第四次则刺左脸，有时还会分满汉两种文字。

黥刑，自早期奴隶制时期出现，直至清朝光绪末期才被彻底废除。这是一项标记性的刑罚，罪人一旦受此黥刑，则要一生都生活在耻辱中，难以再为人，而于其他人则有了很强的警示作用，这正是统治者想要的，因为他们朝思暮想的就是如何禁止臣民犯罪，如何有效控制犯了罪还想再犯罪的人，而是否该给罪人改过自新的机会，他们或许也曾想过，但在前者面前，这一想法便做出了让步。这或许就是黥刑虽几经存废，但从辽宋直至明清相沿不废，一直使用至封建社会末期的原因吧。

（二）劓刑

劓，会意字，顾名思义，劓刑的行刑办法即割鼻子。

战国时期，魏王送给楚王一个美女，楚王非常喜欢，但楚王原来宠爱的一个名为郑袖的妃子非常嫉妒，便设计陷害美女。她开始的时候表现得非常喜欢那位美人，用尽一切方法讨好她以消除美人对她的戒心，同时也蒙骗了楚王。天长日久，美女把她当成姐妹，非常信任她。于是，她便对美女说，楚王不喜欢你的鼻子，你要故意常常捂住鼻子，这样楚王就会永远喜欢你了。美女信以为真，入见楚王时，坐在楚王身边便总是捂鼻。楚王不解其意，便问郑袖是何缘故，郑袖便借机进谗言说是美女嫌楚王身上的气味难闻，楚王听后心中自然不悦。郑袖见已挑起楚王对美女的不满，便告诉楚王身边的人，

如果楚王有命令，必须立即执行，不得有误。一次，楚王与那位美女、郑袖坐在一起，美女坐在楚王身边，又遵循郑袖的“忠告”一次次地捂住鼻子。楚王见状，大发雷霆，就大叫：“来人，把这贱人的鼻子割掉！”其手下也早已听从郑袖事先的吩咐，立即对该美女实施了劓刑。

一个人被割掉鼻子，即使再漂亮也会变成丑八怪，劓刑就是这样一种毁人容貌的刑罚，比起黥刑，更加残忍，一旦行刑不仅会使人承受肉体的痛苦，还会留下终生的残痕和羞辱。由于容貌被毁，难以掩盖，受过劓刑的人势必会遭到社会的鄙视，并且终身会受人监视，他们一旦行为不端，其他人就会起而制止、告发。这样，劓刑便也具有了善恶标记的作用。统治者用这种刑罚作为其维护统治，禁奸止过的手段。

在夏、商、周三代，劓刑的使用都比较普通。同黥刑类似，三朝以劓刑处置的罪行均有一千条。战国、秦及汉初都有劓刑。劓刑可单独使用，也可与其他肉刑并用，或作为劳役刑的附加刑。如劓、黥并用，被割掉鼻子本来已使人难以抬头见人，又施加黥刑，就更加使人丑陋不堪，无地自容。在秦代，劓刑除了可与黥刑并用外，受劓刑的人一般都要为国家服劳役。如对不足五人的群盗，如果偷盗得赃超过六百六十钱，要给予“黥劓以为城旦”的处罚。一群没有鼻子、脸上又刺了字的人，艰苦挣扎在修城筑墙的工地上，多么凄惨的一幕，可是在那个时代，他们不仅曾经是罪人，他们更是奴隶。

劓刑，这种残忍的刑罚在我国古代社会使用的时间比较短，汉文帝时将劓刑改为笞三百，汉景帝时又减少了笞数改为笞一百。后至汉晋，法律上已没有劓刑。南北朝时，梁一度用劓刑代替死刑，到梁武帝天监十四年（515 年）废除。此后，只有少数民族地区及少数民族建立政权统治时期，才偶尔用此刑。

（三）刖刑

刖刑，又叫剕刑，犯人受此刑罚要被砍掉一只脚。周时称刖，战国、秦时

则称其为斩止（古时，止通趾）。

战国时，此刑罚根据惩罚强度分为斩左止和斩右止两种。当时人以右为上，左为下，因此，以斩右止为重，以斩左止为轻。汉文帝改肉刑时，便把斩右止改为死刑，斩左止改为笞五百，这更加说明斩右止比斩左止刑重。而若一人两次犯罪都应受斩止刑，已被斩掉一只脚，那就要斩掉另外一只。楚国有一和氏在楚山中得到一块璞玉，因觉是宝物，便将其献给了楚厉王。厉王请来玉工鉴定，玉工却说所献之物是块普通石头。厉王便以欺君之罪对和氏实施刖刑，砍掉了他的左脚。厉王死后，武王即位，为不让宝玉被埋没，和氏便又将玉献给了武王。武王自己也难辨真假，便又让玉工检验。玉工验后仍说所献之物是石非玉，楚王便又对和氏实施了刖刑，又砍掉了他的右脚。武王死后，文王即位，和氏已经心灰意冷，没有再去献玉，而是抱着玉在山中痛哭。他哭了三天三夜，眼睛里都哭出了血。文王听说后觉得其中肯定有缘故，于是便派人问他为何如此伤心。和氏回答说："我并非因为自己的脚被砍掉而伤心，而是在哭一块好玉硬被说成是石头，我更难过的是忠诚的人反被说成是骗子。"文王听后，速命人把玉取来，请玉工认真检验，结果发现果真是块宝玉，文王便让玉工将其雕琢成一块巨大的玉璧。因为和氏献玉有功，文王便将玉璧命名为"和氏璧"。可怜这一心献宝玉的和氏，本出自真心，却因为统治者的专横，先被砍掉左脚，又被砍掉右脚，也可以算做历史上的一幕悲剧了。

和黥、劓相似，刖刑往往并非单独使用。在奴隶制时期及战国秦国时代，受肉刑的人多变为实际上的国家奴隶，为国家服劳役。《周礼·秋官·掌戮》中记载"刖者使守囿"，即让受刖刑的人看守园囿。齐、楚等国也让受过刖刑的人守门。这都是让受刖刑的人从事不需长途跋涉、行路太多的劳动。此外，为加重刑罚，秦还制定了将刖刑与其他肉刑如黥并罚，并加服劳役的规定。

古代史料中记载，夏朝有膑刑，并有刖刑就是来源于膑刑的说法。而"膑"也作"髌"，指人的膝盖骨，膑刑就是将人的膝盖骨去掉的一种刑罚。并有说法称，夏代的四种肉刑中膑刑最重，宫刑次之，而不是像后来一样的宫刑最重，刖刑次之。的确，人没了膝盖骨，便不能直立行走，而受宫刑者坐卧行走均不会受影

响，这两者相比较，自然膑为重，宫为轻。后来膑刑被刖刑代替，刖刑虽然将人的脚砍断，但受过刖刑的人穿踊（被砍掉脚的人穿的一种鞋，也叫假足）甚至不穿踊都可以行走。在秦国被斩掉左脚还要服城旦劳役，显然，刖比膑轻。而宫刑使人丧失了生殖能力，刖刑只使人行走能力降低，很明显，宫重于刖。这样，在奴隶制五刑的排列上由轻到重便为：黥、劓、刖、宫、大辟。

关于膑还有另外一种说法，认为膑并不常用，因此是独立于五刑之外的。战国时期，各国广泛使用斩止刑，而孙膑却在魏国受了膑刑。孙膑与庞涓同时学习兵法，孙膑是孙武的后代，受祖先影响，兴趣浓厚、学习刻苦、肯于钻研。而庞涓则心高气傲、浅尝辄止，才一知半解便沾沾自喜，以为自己能百战百胜，他很早离开师门，到魏国供职。庞涓自知自己不如孙膑，更加怕孙膑学成后会超过他，便设计陷害孙膑。他先是客气地请孙膑来同自己一起为魏国效力，而孙膑来后，他便设计使孙膑入狱，并对其实施膑刑。这样，一名出色的军事家再也不能驰骋疆场，指挥千军万马。但庞涓并未真正如愿，孙膑虽不能走路，但仍有过人的军事才能，齐国将其请去后，齐魏交兵时，庞涓还是败在了孙膑手下。不仅如此，孙膑还著有《孙膑兵法》，对后世影响甚远。

无论是膑刑还是刖刑，在汉之前，没有谁怀疑过其合理性。此种酷刑缘何被广泛使用呢？奴隶制时代，人们还没有改造罪犯使之重新做人的观念，而是受同态复仇等原始习惯的影响，要求侵害他人者受到与其所施加给他人的损害相当的惩罚，这正是所谓的“杀人者死，伤人者刑（肉刑）”。肉刑包括刖刑，其主要的意义是惩罚，但同时也是复仇的手段。到了春秋战国时期，“以刑去刑”便成了法制理论的主要内容之一，即使用肉刑，可以止刑，体现在两个方面：一是实行肉刑可以使没有受刑的人害怕，从而不敢去犯罪，人们都不去犯罪，则刑罚便可以停止了，即“刑一人而止境内之邪”；二是受到肉刑的人也失去了犯罪的能力，不能犯罪也便不用再用刑。正是在这种以刑止罪的思想指导下，战国时的肉刑才极为普遍。汉文帝时，少女缇萦提出使罪犯“自新”的观点得到文帝肯定，并因而宣布废除肉刑。此后，刖刑便极少出现，只是在南朝宋明帝和明代朱元璋时出现过与之类似的“断其两脚筋”之刑。

（四）宫刑

宫刑，也称为阴刑、蚕室刑等，这种刑罚就是破坏人的生殖器官。实施这种刑罚，对于男性犯人则割去其外生殖器，而对于女性犯人则施以幽闭。对于幽闭，有不同的看法，比较通行的说法认为，幽闭即是将女子幽禁在宫中而不得外出；而另一种说法认为幽闭是用棍棒击打女性犯人腹部，把子宫压离正常位置，堕入腔道，使其不能交媾及孕育。

该刑罚起初主要适用于犯淫乱罪的人，即《周礼·秋官》中所述的“男女不以义交者其刑宫”，因此宫刑有淫刑之称。后来，宫刑不仅对犯淫罪者使用，而且成为一种普遍适用的重刑，可以对多种重罪使用。

宫刑起源较早，据《尚书·吕刑》说，黄帝、舜、禹时期的苗民发明了这种刑罚，当时称“椓”。也有传说夏代“宫辟五百”，意思是当时规定用宫刑处罚的罪行有五百条。周代也有“宫辟三百”的说法。秦代的宫刑使用较多，《史记》记载：秦始皇建造阿房宫时曾动用“隐宫徒刑者七十余万人。”隐宫即宫刑。

宫刑也称腐刑。对于腐，一种说法认为受宫刑的人便不能生育后代，像腐朽的木头一样不能再生根发芽开花结果，因此称为腐；还有一种说法则认为，受过宫刑的创口气味腐臭。而不管怎样，受过宫刑便不能生儿育女，因此古代有“公侯无宫刑”之说。因为公侯们身份高贵，为了不使其断子绝孙，便不给他们使用宫刑。战国时期，为了使某些有特殊身份但所犯之罪应当处以宫刑的人不受此刑，法律允许他们以钱物赎免宫刑。

汉初，宫刑被文帝废除。而在此之后，统治者又觉得有些罪行处死显得过重，而若不处死仅用徒杖之刑又不足以示罚，因此在宫刑废除二十年后又恢复了。汉景帝中元四年（公元前 146 年），宫刑成了宽赦死刑的替代方法，虽不是法定常刑，却为复活宫刑开了先例。汉武帝时，司马迁、李延年等均受宫刑。而此时，宫刑不再是死刑的替代刑，而是由皇帝临时决定使用的独立刑罚。直到东汉陈忠在汉安帝永初年

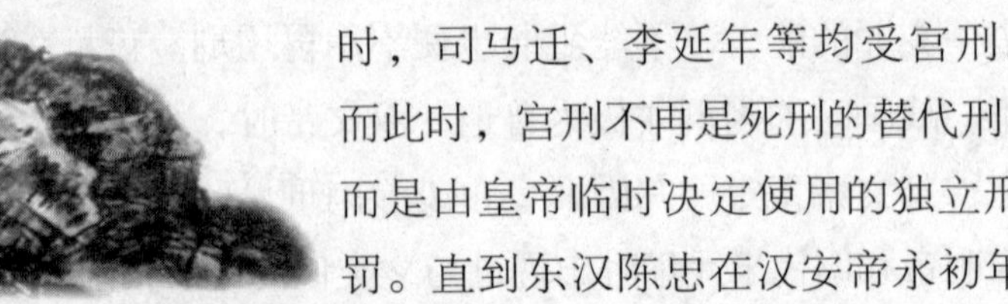

间（107—113）上书请除蚕室刑，获准，这样，汉代才又一次宣布废除宫刑。

刑罚的文明程度常常是同统治者的文明程度相适应的。南北朝时期，南朝统治继承魏晋法律的传统，没有宫刑这种刑罚。而北朝，由于受了落后的少数民族的影响，宫刑成了其刑罚野蛮的标志。而北齐灭东魏后，受文明社会影响，统治者又一次废除了这种酷刑，但这还非古代宫刑的最后根绝。如清律《名例律》规定的“五刑”中虽然没有宫刑，但其对谋反大逆罪却规定，即使子孙确不知情，11岁以上的也要阉割（即宫刑）发往新疆给官为奴。

古代受肉刑的人一般都要为国家服劳役，并且服劳役的种类直接同犯罪性质相关联。因淫罪而受宫刑的人可以守内，即在宫里服役；而后来宫刑常对谋反大逆者使用，这些人则不能在宫中服劳役，如秦时让因此受宫刑的人筑长城，从事最繁重的野外劳动，明清因此受阉割的人则被发配边远地区给官为奴。那些在宫内为奴的人，由于经常接近皇帝，有机会涉足政事，因此在中国古代史上宦阉乱政的场面一幕又一幕，不亚于外戚专权。明朝的魏忠贤，清朝的李莲英，都是阉宦当政的典型。他们虽非因罪受刑而入宫，但对中国社会发展的危害不浅。

（五）大辟

大辟，即死刑，是奴隶制五刑中最重的刑罚。大辟作为五刑中的极刑，其行刑手段也多种多样，许多刑罚始于奴隶社会，如斩首、绞、弃市、车裂等等，其中有的行刑方式后代也一直在使用。

对于大辟的各种各样残酷的行刑方式，本书将连同封建制五刑中的死刑一起在第四部分中作详细介绍。

三、封建制五刑

奴隶制五刑中，有四种属毁人身体的肉刑，汉初文帝时被废除。自汉至隋唐，统治者又逐渐规定了几种新的法定刑来代替原来的五刑，被称为封建制五刑，即笞刑、杖刑、徒刑、流放刑和死刑。封建制五刑在隋唐之后一直通行，其中大多在之前就已存在，到隋唐才被正式确定为主刑和法定刑罚来使用。

（一）笞刑

笞，即笞打，击打使人受痛，行笞刑时一般打臀部、背部等部位。

笞刑在古代社会中早已存在，在用于国家刑罚的同时，也多用于一般教育所用的教刑，如李悝的《法经》曾规定对太子行笞刑："太子博戏则笞；不止，则特笞；不止，则更立。"由于战国时的笞刑既是一种可随时使用的刑罚手段，又是一种可对正服刑者加施的惩戒手段，所以它的使用比较随便。秦朝时使用笞刑较多，它多用于对刑徒的管理，如服城旦舂劳役的人毁坏了官家的陶器、铁器或木器，制造大车时折断轮圈，主管者要立即笞打，按所毁坏的器物算，每值一钱笞打一下；笞也可作为工作中罚劣的手段，如秦《厩苑律》规定：用官家的牛耕田时，牛变瘦了，牛的腰围每减瘦一寸要笞打主事者十下，服城旦劳役的人工作被评为下等的，每人笞打一百下。

汉初文帝、景帝改革刑罚制度，把笞刑变成了比城旦、鬼薪等劳役刑更重的法定常刑，并需要较严密的诉讼程序决定、以较正规的形式执行。起初，汉文帝决定改劓刑为笞三百，改斩左止为笞五百。而实践起来，由于笞数太多，受刑者常被打死。景帝时，又下诏将笞五百改为三百，笞三百改为二百，但在执行时还是经常出现行刑过程中人被打死的情形。因此，景帝再次减少笞数，将笞三百改为二百，笞二百改为一百。由此，汉代刑罚体系中便出现了笞刑两等。景帝时，

笞刑的执行也更加规范，他定了“箠令”，规定了笞打犯人的箠的规格：长五尺、粗一寸，若箠是竹的，末梢粗半寸，竹节要削平；还规定了笞打的部位及执行笞刑的方法即笞打犯人臀部，而且不管犯人受笞多少，中间都不得更换行刑的人，一人受罚只能一人施罚。

三国、两晋、南北朝时期，仍采用汉景帝时的箠令之数，而笞打位置有所不同。如汉代规定笞打部位为臀，而北齐有鞭背；又如汉箠令规定对同一犯人行笞不得更换执行人，而北齐规定每打五十下换一次执鞭人。此外，北周时还常将鞭刑与笞刑并用，先行笞刑再加鞭刑。

隋唐时期，将笞刑列为封建五刑中的轻刑。唐朝时对笞刑又有了明确规定，将笞刑分为五等，自十至五十；执行笞刑的杖，长为三尺五寸，大头径二分，小头径一分半；执行笞刑，要腿与臀部分受等等。以后各代笞刑基本上都沿袭唐制。元代的笞数稍有变化，笞刑分为六等，自七至五十七，每十下为一等。为何起数为七呢？据说元世祖定制时，实行宽缓的政策，认为对犯罪无知的小民应该加以宽恕，“天饶他一下，地饶他一下，我饶他一下。”因此笞刑便减了三下。

（二）杖刑

杖刑，也为击打刑。常与笞刑并用，也属封建制五刑中的轻刑。

汉代已将笞刑规定为一种法定常刑，一种重刑，执法者甚至君王都不得随便以笞责罚他人，而古代统治者又需要一种比较轻微的责罚手段，以便对那些不构成犯罪但又使他们气愤、不能容忍的行为实施惩戒，于是实践中便又慢慢创造出一种“鞭杖”之刑。它也像春秋时的鞭，战国时的笞一样，可以由执法者或君王对那些有轻微不遵教令行为的人实施几下、十几下或几十下的临时处罚。东汉明帝时，这种鞭杖的刑罚对那些有轻微失礼、违旨行为的官员也可使用，百姓则更不必说。三国时期，由于战争环境打破了正常的法律秩序，于是

鞭杖之罚越用越多，越用越滥。到魏明帝时，面对许多因轻罪而死于鞭杖之下的现实，不得不将鞭杖之制变成法定惩罚，不得滥用。于是，鞭杖这种起源于法外惩罚的手段进入法典，甚至曾取代笞刑成为法定常刑。如《梁律》有鞭杖刑六等，北周有杖刑五等，自十至五十；鞭刑五等，自六十至一百等等。而这个时期的笞，并不独立存在，而是作为徒刑等的附加刑。

三国、两晋、南北朝时期，仍有鞭、杖、笞等名目。而隋统一中国后，立法从宽从轻，除去了鞭刑，留下了笞刑和杖刑，并规定笞为轻，杖为重，笞的刑具较细而杖的刑具较粗。唐朝继承了隋的制度，并对杖刑的刑数、刑具、受刑部位做了规定：杖刑五等，自六十至一百；常行杖（即执行杖刑的杖）长三尺五寸，大头径二分七厘，小头径一分七厘；执行杖刑，要背部、腿部、臀部三个部位分受，若受刑者愿意打背和腿两个部位，可以满足要求。同笞一样，以后各代基本沿袭唐制，元代随笞刑一起，也减刑三下。

宋金时期还实行一种折杖法，是一种宽免刑罚的制度，即把笞、杖、徒、流刑都折合成一定杖数，只用杖刑而不再执行其他刑罚。如宋代规定，凡犯罪本应笞杖的，一律用臀杖，原笞杖自十至一百，折为七至二十。那些应用徒刑处置的罪犯，用背杖，从一年至三年共五等，分别杖刑十二、十五、十七、十八、二十，杖后则将其释放，不再服劳役，同样，那些应当处以流刑的罪犯也按其犯罪程度折合成不同的杖数，而不用再服流刑。

自汉将笞、杖定为法定刑，隋唐将其纳入五刑之中，历代也都对执行笞、杖之刑提出了严格的要求，但法外用笞杖刑罚的情况却一直难以杜绝。唐代宗时常有对某人“重杖一顿”的指令，而一顿是个无确定数目的概念，这常使执行者得以任情轻重，欲其活则施轻罚，欲其死则施重罚，而这也会使执行者常常因难以摸透君王的心理而受指责甚至处罚。

谈到君王的法外用杖，就要介绍一下中国古代的一项特别制度廷杖，即由皇帝决定，在殿廷之上对违法抗旨的大臣施用的杖罚。这种制度盛行于明代，但由来已久。后汉明帝对大臣都可以施加鞭杖，这可以算做廷杖的萌芽。而正式行使廷杖是隋文帝时开始的，据《隋书·刑法志》记载，隋文帝疑心重、好猜忌，常

常在殿廷之上打人，有时一天之内能痛打四人之多。开皇十年（590年），尚书左仆射和治书侍御史等人恳谏朝堂不是杀人的地方，殿廷也不是杖罚的地方，文帝才同意撤销殿廷内所设的刑杖。而隋高祖又以“有些官吏不守礼法，按照法律，其罪轻，而以情判断，其罪又重，不立即杖罚而没有可以惩罚的办法”为由，恢复了廷杖。

明代使用廷杖最为频繁。明太祖朱元璋时，工部尚书薛祥就死在廷杖之下。明宪宗成化十五年（1479年），汪直诬陷侍郎马文升等五十六人，宪宗以容隐的罪名将这些人每人廷杖二十。明武宗正德十四年（1519年），武宗想要去南巡，群臣用国事劝谏，想要将皇帝留住，结果一百四十六人被廷杖，致死十一人，像这样类似杖打群臣，并致十数人死亡的事件据记载还有不少，这里就不一一列举了。明初，大臣们受廷杖时都穿着朝服，因此有些大臣为防止被杖打伤，每次上朝，在朝服里都穿着厚厚的内衣。而正德时，宦官刘瑾专权，开创了大臣受刑时要脱去朝服的先例。

（三）徒刑

徒刑，是强制犯人劳役的刑罚。《唐律疏议·名例》解释说：“徒者，奴也。”即劳役。

“徒刑”之名始于北周，在此之前，那些强制犯人服劳役的刑罚统称为劳役刑，而被行刑的众人则被称为刑徒。春秋时期及其前后，被处以肉刑的人都要为国家服劳役，由司徒加以管理，即所谓的“司徒主众徒”，如《史记》记有“黥徒”、“钳徒”、“骊山之徒”，又如贾谊的《过秦论》中也有“迁徙之徒”之说。劳役刑本是由这个制度演化而来的，那时，肉刑为主，服劳役为辅。而后来，人们越来越认识到劳动力对国家的重要，尤其是战国时期，国家为了军事或经济的目的，需要大量供随意驱使的劳动力。于是，在实践中除了继续使用肉刑外，逐渐地把肉刑同服劳役的关系颠倒过来，变成了以服劳役为主，肉刑为辅，最后把服劳役变成了独立于五刑之外的单独刑种，即劳役刑。

按犯罪轻重，劳役刑也有轻重不同的种类，当时是按劳役的种类划分的，并且一旦行刑，除皇帝赦免，否则终身为奴。那时的劳役刑主要包括以下几种：

1. 城旦舂。城旦与舂为同一种刑罚，男受刑者为城旦，所服劳役主要是从事修筑城墙之类的重体力劳动。女受刑者为舂，所服劳役主要是舂米，对于女子来说也属重体力劳动。城旦舂服劳役时一般由司徒看管，并且要穿红色囚衣，戴与常人不同的红色毡巾，还要戴木被、黑索和胫钳。

2. 鬼薪白粲。这种刑罚轻于城旦舂，也有男女之别。男为鬼薪，就是为宗庙祠祀上山砍柴；女为白粲，即为祠祀择米。

3. 隶臣妾。男为隶臣，女为隶妾。隶臣妾可以从事多种劳动，如秦律规定可以为工，可以种田、筑墙，牢隶臣还可以参与验尸、缉拿犯人等活动，诚实可靠的还可以派去送信。并且隶臣妾还可以赎免。

4. 候。是轻于隶臣妾的一种劳役刑，是属于内史管理的劳役刑犯人。汉以后未见过此种刑罚。

5. 司寇。司寇所服劳役主要就是“伺察寇盗”，有时可以监率城旦舂服劳役。

6. 下吏。秦汉时把原有一定地位的人交给司法官吏审查的处理称为下吏。下吏可以从事工作，可以干与城旦一样繁重的活。汉以后也未见过这种刑罚。

汉初文帝改革刑罚制度，把过去不定期的由皇帝随时决定的赦免变成定期免除。据《汉书·刑法志》说，初定城旦舂为五年，鬼薪白粲为四年，隶臣妾三年，司寇二年。这样，相互区别的不同种类刑罚又有了年限长短的差别。后又经改进，城旦、鬼薪各减一年，司寇不变。

北周将劳役刑定名为徒刑的同时，也给其划分了等级，主要以年限长短来划分刑的轻重，而不再以服劳役的种类划分。《大律》规定“徒刑五”，每等一

年，从一年到五年共五等。隋朝统一中国后，继续使用北周徒刑的名称，但把徒刑期的期限缩短，从一年到三年，每半年一等。唐宋直至明清也一直相继沿袭隋制，但辽的徒刑则分为终身、五年、一年三等，金的徒刑则分为一年、一年半、二年、二年半、三年、四年、五年，七等。

从明代情况看，封建社会后期徒刑犯人服劳役的种类很多，如修砌城垣、街道，运粮，挑土、砖、瓦等，种树，盖房，炒铁，煎盐，煎银等。明代有专门的《准工则例》对刑徒的工作予以规定。如规定：刑徒每服刑一年，盖房一间。挑土和砖瓦每天附近三百担，每担六十斤为准。半里路二百担，一里一百担，二里五十担，三里三十五担，四里二十五担，五里二十担，六里十七担，八里十三担，九里十一担，十里十担。打墙每人墙高一丈、厚三尺、阔一尺，以就地取土为准。

（四）流刑

流刑，就是使犯人离开一定地区而到边远地区去生活或服役的一种刑罚。其根本特征是使犯人离开一定地区并限制其只能在某一特定地区活动，更不准返乡。

流刑起源较早，据《尚书》记载，早在舜时就已存在。舜曾“流共工于幽州，放欢兜于崇山，窜三苗于三危，殛鲧于羽山。”其中的流、放、窜、殛都是流放的意思，而幽州、崇山、三危、羽山都是比较边远的地区。流放在春秋之前是作为宽宥之罚使用的，君王对那些应处五刑而情有可原的人，赦免了觉得轻饶了他，用五刑又觉得太重，于是采用流刑，使其肢体完全，将其流放到远方。因此，史书记载的流刑多用于大臣、贵族甚至国王，如伊尹“放”太甲，汤“放”桀，周公平定管蔡之乱后将蔡叔流放，楚灭陈后将陈的公子招流放到越等等。

流称放，也称逐、迁、徙等。《离骚》的作者屈原被楚王流放江南，《史

记》对此就称为“迁”。周代称逐。战国时，由于特殊的战争环境限制，流刑出现了三种不同的形式：一为逐，一般是把原籍不在某国而又在这个国家犯了罪的人逐出国境；二是谪，即将犯人遣往边远地区服役或戍守；三是迁，一般适用于有一定身份而又犯了罪的人或罪行较轻的人，被迁的地方多在蜀地或新夺取的地区。这三种流刑在秦统一后也应用，而其迁刑又分两种：一种和原来一样，即犯罪当用迁刑；另一种则是犯人本身应受其他较重的刑罚，免除其原应受的刑罚而使其服迁刑，这种被迁的人也都是集中迁往新区，从事一般性劳动或过一般人的生活。

汉代迁也称为徙，但汉使用迁刑较少，一般只对有特殊身份的人使用。如汉高祖时彭越谋反，便将其徙到蜀地的青衣；文帝时淮南王刘长谋反，则将其废掉，迁至蜀地的严道，等等诸如此类，汉代被迁的大多是王侯。秦汉时期大面积的迁民也称徙，但与作为刑罚的徙不同，徙民无惩罚之意。如秦始皇二十八年（公元前 219 年），秦始皇南登琅玡，很喜欢这个地方，一住就是三个月，还嫌不够，便徙百姓三万户于该地，并允许他们十二年不服徭役，这是因乐其地而徙民。又如汉高祖时，徙齐、楚大族昭氏、屈氏、景氏、怀氏、田氏五姓于关中，这是为扩大京师附近的人口数量及发展京师附近的经济而徙民，如此种种均与刑罚的徙大不一样。

秦汉时期的迁刑，除本人必须赴所迁之处外，其家属一般也要跟随前往。在秦律中，先自告者一般都可免受其罚或免受连坐之罚。但当丈夫有罪当迁时，妻子虽先自告，也必须随同丈夫一起到迁所。并且，有时有罪当迁的人没有走就死了或逃跑了，应该和他一起被迁的人也要被遣往迁所。

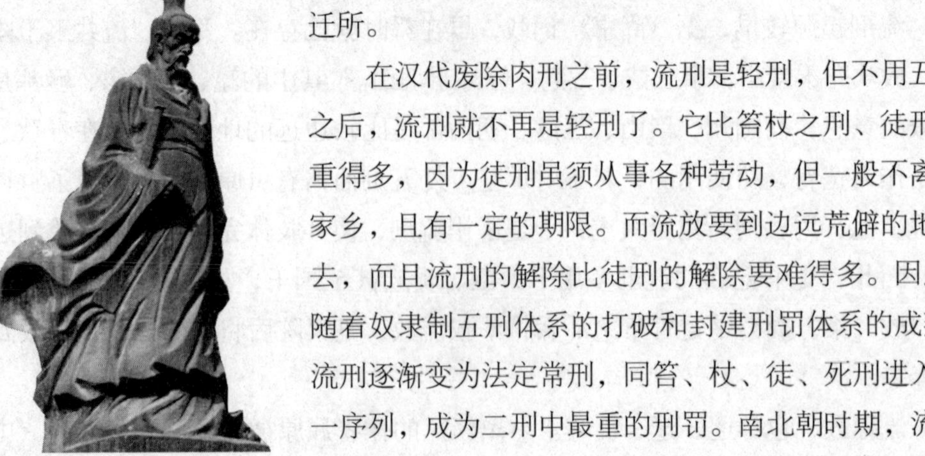

在汉代废除肉刑之前，流刑是轻刑，但不用五刑之后，流刑就不再是轻刑了。它比笞杖之刑、徒刑都重得多，因为徒刑虽须从事各种劳动，但一般不离开家乡，且有一定的期限。而流放要到边远荒僻的地方去，而且流刑的解除比徒刑的解除要难得多。因此，随着奴隶制五刑体系的打破和封建刑罚体系的成熟，流刑逐渐变为法定常刑，同笞、杖、徒、死刑进入同一序列，成为二刑中最重的刑罚。南北朝时期，流刑

正式进入法典，并按道里的远近分等。北周时，自两千里至四千五百里，每五百里为一等，共五等；隋朝流刑分三等，自一千里至两千里，每五百里为一等；唐朝与隋制相似，也分为三等，但每等都增加一千里。

秦汉时流刑一般不规定期限，只有遇赦免时才可以免除。北魏孝文帝时，准流徙之人，年满七十岁，孤单穷独，虽有妻子而没有子孙的人，可以解除流罪名籍，回归本土，这便使流刑有了定期解除的制度。到了唐代，流放犯人到流放地一般要戴钳、枷劳动，起初均服役一年，后来要服役三年，劳役结束后要到流放地落户，同当地其他无罪百姓一样交纳赋税、服徭役，一般不得回本郡。但被处流刑的人死后，其家属想要还乡的，则可以放还。后来，又改为被流放的人在流所满六年可放还本郡，若在流所的人要参加考试或通过其他途径进仕者，一般也必须服满六年刑后方可。

宋、明的流刑沿用唐朝制度，但增加决杖，即流、杖并用。宋代盛行的刺配，其中的配役便和流刑相似。明清时，除流刑还有充军刑，即将罪犯送往边远地区在军中服役。明定充军刑为五等，即极边（三千五百里）、烟瘴（四千里外）、边远（三千里）、边卫（二千五百里）、沿海附近（一千里）。明代充军还有终身和永远之分，终身即至死不得返回，永远则是世代为军役。到了清代，将明律中的边卫改为近边，沿海附近一千里改为附近两千里，仍为五等，并规定“军遣止及其身”，即无“永远”之等，情节较轻的可以特赦放还。

清代还有一种与流刑、充军类似的刑罚叫发遣。这种刑罚比充军更重，一般是将罪犯发往边疆地区给驻防官兵当奴隶。发遣地多在尚阳堡（今辽宁省开原县），稍远的为吉林省的宁古塔、乌拉城，更远的为黑龙江的齐齐哈尔，新疆的伊犁、乌鲁木齐等。

（五）死刑

封建制五刑中规定的死刑也是名目繁多，关于古代常见的种种死刑的行刑方式，本书将在第四部分单独列出详细介绍。

四、古代的种种死刑

死刑，即将犯人杀死，剥夺其生命，使其再不能凭自己的力量供奉先人、建造家园、创造财富、养老扶幼，享受人间的欢乐，这是最重的刑罚。由于将人处死的执行方法多种多样，因此古人又按其不同的执行方法给予其具体的称谓。在漫长的古代社会历史上，统治者为最大限度地发挥死刑对臣民的威慑作用，最有效地惩罚“不忠不孝者”及其他罪人，不断创造、变换死刑的执行方法，不仅有法定的，还有法外的，不仅有个人的，还有家族的，如此种种，在我国古代灿烂的文明史上也留下了无比血腥的记录。下面本书就将几类常见的做详细介绍。

（一）法定死刑

这里的法定死刑，是指曾被明确写入法典的死刑，以下是几种古代常见的法定死刑。

1. 枭首。即把罪人的脑袋割下来，将其悬挂在木杆上面的刑罚。因为与枭这种鸟死时的情况相似，故称这种方法为枭首。最早见于商末，据《史记·殷本纪》记载，暴君商纣王便是被周武王以枭首之刑处死的。秦朝将枭首定为法定刑罚。《秦会要补订》中有：“悬首于木上杆头，以示大罪，秦刑也。”汉代承用秦朝的枭首之刑，彭越等人便是受此刑而死的。魏晋以后继续使用。隋文帝开皇元年（581 年），废除了此刑，此后法律再没有这种死刑方法。但帝王们也偶尔以之泄愤，如宋钦宗靖康元年（1126 年）将童贯以此刑处死。

2. 腰斩。就是将罪人拦腰斩断的刑罚。执行这种刑罚要先使受刑者脱

去衣服，伏在砧板之上，然后由刽子手用斧钺之类的工具将人拦腰斩断。春秋时期就有腰斩刑，秦的腰斩刑始于商鞅变法时期，商鞅曾下令："不告奸者腰斩。"战国时期腰斩刑使用较多，以至于人们常以"腰领不属"表示受死刑。汉代腰斩是三种主要死刑执行方法（枭首、腰斩、弃市）之一，晁错、吴章、霍禹、赵广汉等皆受腰斩刑。魏晋时还沿用，到隋唐时便被废止。

3. 弃市。即在市这样的人群较为集中的地方将人处死，其目的在于儆吓旁人，可以算作一种恐怖宣传。弃市的方法自秦代就有，南朝宋、齐、梁、陈，北朝魏均将弃市定为法定刑，而北齐、北周及隋唐以后的法律中，便不再有此种刑罚。弃市存在时，其致人死亡的具体办法不确定，有的为当众斩首，有的则当众使用绞刑。

4. 绞。绞刑是以绳悬吊而死，也称缢。北齐、北周时的法定死刑，隋唐也继承下来。绞刑最早见于春秋时期，在春秋战国至秦汉时期，绞刑是用绳索捆住犯人脖子而悬吊，使犯人窒息而死。而明清时的绞刑是让行刑者用绳子勒住犯人的脖子，使他死亡。

5. 斩。就是用刀斧等利器将犯人的脑袋砍下的刑罚。汉朝的弃市刑则为当众实施斩刑。《晋律》的死刑为三等，第二等就是斩刑，如张斐的《注律表》中说："枭首者恶之长，斩刑者罪之大，弃市者死之下。"由于斩刑使人身首异处，好像木头断了而分异、殊绝，因此，五代常用殊死来指代斩刑。北齐大辟有四等，其中"斩刑，殊身首"。"绞刑，死而不殊"。可见绞、斩是以是否身首分离而区别的。

6. 磔（zh é）。这是一种碎裂人的肢体而使之死亡的刑罚，该刑不仅要碎裂犯人的肢体，而且还要暴尸。春秋时期便有使用磔的记载，秦汉均将其定为法

定死刑。汉景帝中元二年（公元前 148 年）“改磔为弃市”，在法律上废除了磔刑，但后世统治者有时却仍然使用此刑。

7. 车裂。与磔类似，车裂是把犯人杀死又将犯人肢体割裂。商鞅就是被秦惠文君杀死后车裂的，造成秦二世亡国的赵高被子婴刺死后，也在咸阳被车裂，还有刺秦王未遂的壮士荆轲，被秦王嬴政车裂。

车裂之刑春秋时便有使用，汉代时也并非法定刑。三国时期，东吴孙皓曾对张俊施以此刑。其后，北魏、北齐、北周都有车裂刑。其中北齐、北周最重的死刑均为车裂。隋朝制定新律后，废除车裂之刑。

8. 定杀。也称沉河，这种刑罚就是把犯人活着投入水中，使其溺水而死。在秦朝，定杀主要用于有麻风病而又犯了罪的人。秦之后，北魏也有“沉渊”刑，主要施用于巫蛊者。

9. 戮。这是一种既对犯人进行羞辱又杀掉他的刑罚。此刑由来已久，早在夏代就有“弗用命戮子社”的命令。春秋时期出现戮尸刑，即死后戮。战国时期既有生戮又有死后戮。汉以后便无此法定刑，但是，统治者有时对自己十分痛恨但又已离开人世的人也施此刑，魏、晋、辽、元等朝这样的例子很多，就连盛世唐朝也有“剖棺鞭尸”之事。而到了明朝，《明律》对谋杀祖父母、父母，杀一家三人等罪又规定了“剉碎死尸”的刑罚，戮尸又成了法定刑。据史料记载，清朝王室多尔衮死后也曾被鞭尸。

10. 赐死。也称自裁，是君王命令有罪的人自杀的一种刑罚，此刑只适用于地位比较高、功劳非常大，又没有严重罪行的权贵、功臣。如秦国久立战功的大将武安君白起，由于不听从君王的命令，秦王便让人赐他一把剑，令他自裁。这是封建社会在执行刑罚上表现出来的封建等级特权，是使皇亲国戚、功臣勋将虽受死但不致受到小吏屠戮，免为被百姓当面耻笑的委婉的处死办法。汉初，贾谊便为了维护封建等级制度，力倡“刑不上大夫”，认为大臣们犯了罪应让他们自杀，而不应交狱吏之手，也正是根据这种理论。后世多有“赐剑”之事，来让有身份有地位并曾有贡献的人自裁。

11. 具五刑。这是秦汉时期使用的一种刑罚，即将多种刑罚集犯人之身。据《汉书·刑法志》记载，具五刑是对应受族刑（本章第三部分将具体介绍这一刑罚）者施用的特种刑罚，而且不仅在犯人身上使用“黥、劓、刖、宫、辟”五种刑罚，还包括醢、笞杀、断舌等非法定刑。秦朝李斯被赵高诬蔑谋反时就被施以具五刑的处罚，同时还被腰斩，若如《汉书·刑法志》记载的一样，则在李斯身上使用了九种刑罚。

由于具五刑是专门对受族刑的人使用的一种刑罚，而汉文景之后无族刑，具五刑便成了法外之刑。魏晋的法律有株连的制度但没有族刑，后来晋武帝又下令“除三族刑”，具五刑便逐渐不再使用。宋明以后偶尔也用族刑，但是否使用具五刑，则再无详细记载。

12. 凌迟。这是另外一种在一个人身上施加多种残酷刑罚并剥夺人生命的死刑，在这一点上与具五刑相似，但二者无继承关系。据陆游《渭南文集》记载，凌迟之刑最早出现在五代，宋辽时期多使用。宋初并无此刑，宋真宗还一度不允许使用此刑，直至仁宗天圣六年（1028 年），因荆湖地方有人杀人祭鬼，仁宗才怒下诏书，对首谋者及主犯，凌迟处死，从此开了宋代使用凌迟的先例。宋神宗熙宁八年（1075 年）曾对李逢、刘育、徐革等处以凌迟刑。明朝在《明律·名例律》中规定，死刑为绞斩二等，但在律内却有十三处犯罪规定使用凌迟刑。清代法律也规定了使用凌迟的条款，它除了继承《明律》对凌迟刑的十三处规定外，却劫囚、发冢、谋杀人、杀一家三人、威逼人致死、殴祖父母、殴伤业师、狱囚脱监以及谋杀本夫等罪，也规定适用凌迟刑。

凌迟刑的实施过程非常残暴，使人目不忍睹。据《宋史·刑法志》说：“凌迟者先断其肢体，次绝其吭，当时之极法也。”断肢体是比古之斩止、断手更残酷的刑罚，而绝其吭是断其喉，与斩首无异。清代使用凌迟刑较多，对凌迟刑的执行也相对规范化。传说清代的凌迟有二十四刀、三十六刀、七十二刀和一百二十刀几等。二十四刀的执行方法是：第一、二刀割去双眉，第三、四刀割

去双肩，第五、六刀割去双乳，第七、八刀割手、肘之间的肉，第九、十刀割肘肩之间的肉，第十一、十二刀割去两大腿上的肉，第十三、十四刀割去腿肚子，第十五刀刺心脏，第十六刀切脑袋，第十七、十八刀断两手，第十九、二十刀去两腕，第二十一、二十二刀断两足，第二十三、二十四刀去两腿。但不管是二十四刀还是一百二十刀，都非不可逾越的界限。明代武宗正德年间，对宦官刘瑾行刑时连续割了三天，共计四千七百刀，可以说是创造了此刑最高记录。清崇祯年间，对郑鄤割了三千六百刀，也称得上是“千刀万剐”了。

总之，凌迟处死刑各朝代没有统一的方法，但都极尽残酷。陆游曾评价凌迟的受刑者“肌肉已尽而气息未绝，肝心联络而视听犹存”。多么可悲，可怜。

（二）法外死刑

这里所说的法外死刑，主要指从未进过法典的死刑，也就是在整个古代社会不管哪个朝代都没有或极少将其规定为法定刑罚的死刑。这种刑罚没有一定的规定，常由君王和酷吏随意来做。

1. 炮格，也叫炮烙。这种刑罚就是先在铜格上涂油，在它的下面生火，让犯人在铜格上行走，犯人不堪灼烫，便会失足坠入火中烧死。据传这是夏代暴君桀看见蚂蚁爬在烧热的铜斗上，爪被烧烫坠火而死而发明的酷刑。夏朝的谏诤之臣关龙逄“歌而赴火”，就是死在炮烙之刑下。其后，元代也曾使用过炮烙这种酷刑。

2. 醢（hǎi）。是一种把人做成肉酱的刑罚。据《史记·殷本纪》记载，商纣王统治时期，一位叫九侯的大臣把自己非常漂亮的女儿送给纣王做妃子，可九侯之女不喜欢荒淫糜烂的生活，这使纣王十分恼火，他不仅把九侯的女儿杀掉，而且对九侯施以醢刑。醢刑最开始时是把人活着放入臼中捣死，但后世多为先将人杀死甚至肢解再施以捣烂之刑。这

种刑罚后世也不多用，但据《元史·世祖纪》记载，至元十九年（1282年）三月，益都千户王著对阿合马蠹害民的行为十分不满，便与高和尚合谋将其杀掉，这触犯了当时君王的利益，于是世祖将王著、高和尚杀之于市，并加醢刑。

3. 脯。本指干肉，作为刑罚就是把人做成肉干，即暴尸。这种刑罚也是在商纣王时使用的。商纣王对九侯施加醢刑时，大臣鄂侯出来谏阻，陈述不应该对九侯加刑。纣王不仅不听其劝说，反而迁怒于鄂侯，对其实施脯刑。此外，传说纣王还曾“杀鬼侯而脯之”。

4. 烹。这种刑罚就是用鼎镬之类器具将人煮死，俗语“下油锅”之说，即与此类似。商纣王为试试周文王是否为众人所说的圣人，便将其在商做人质的儿子伯邑考烹为羹送给文王吃。

烹这种刑罚在春秋时使用较多。中山之君曾烹乐羊氏，齐威王曾烹阿大夫。秦朝的大辟之刑亦有镬烹之刑。汉代的董卓曾烹李[illegible]、张安，据说二人临入鼎时说：“不同日期生，乃同日烹。”汉以后则较少用此刑。

5. 剖心。这是一种将犯人的腹部剖开，将其五脏六腑取出致使人死亡的刑罚。据《史记·殷本纪》记载：商纣王不事政务、荒淫无度，比干屡次进谏，纣王早就听得不耐烦了，便以看看比干的心是否有七窍为由，将比干的心挖了出来。秦人的剖腹之刑与商纣王的剖心类似，秦惠王曾剖开一个人的肚子看他到底有没有偷吃御桃。宋代也曾用过此刑，《宋朝事实》卷十六记载：宋仁宗庆历四年（1044年），大宋官员就对广西少数民族起义的领袖施以剖腹刑，而且还嫌不满意，剖腹之后又施醢刑。

6. 笞杀。所谓笞杀就是用笞杖将人打死。战国以后，法有笞刑，但没有笞杀之刑。汉高祖时，曾将楚降臣丁公下吏笞杀。后来的汉灵帝时，也曾将上书攻击党人的永昌太守曹鸾行使笞杀之刑。宋辽时期使用这种刑罚较多，如宋太祖时李瑶、董延谔等都被杖打死。辽时，五院长官皆可杖杀部下、百姓。辽圣宗时，曾批判这种刑罚太过严酷，并因此罢免了一位官员，此后，官吏们便不敢使用此刑。

7. 囊扑。这种刑罚就是把人装在囊袋中打死。秦始皇时，赵太后与一名叫

嫪毐的人私通，并生下两个孩子。秦始皇知道这件事后，将嫪毐车裂，把太后所生的两个孩子囊扑而死。历史上使用此种刑罚的只有这一记载。

8. 焚。这种刑罚就是把人捆绑着放在火上烧死。汉时篡位称帝的王莽专政期间，唯恐别人不服，对那些对他表示不满的大臣就使用过“焚如之刑”，他曾以这种方式将陈良等人处死。汉之后用这种刑罚的极少，却常见焚尸。如北齐后主武平五年（574年），南安王思好造反，尚书令唐邑率兵征讨，思好兵败后便投水自杀，唐邑并未善罢甘休，他们不但没有放过思好的妻子，还将思好的尸体焚毁。后来金海陵汤王也曾使用过焚尸之刑。

9. 凿颠。这是一种用器械击人的头顶使人死亡的刑罚。《汉书·刑法志》中说秦朝的大辟有凿颠一刑。

10. 断背。即把犯人从背部砍断以致其死亡的刑罚。晋文公时，因颠颉在其宣明法纪的集会上迟到，便将其处以断背之刑。此刑与腰斩相近，但较为罕见，除此例，以后也未见使用过。

11. 射杀。即用箭将人射死。《汉书·王尊传》中有这样一个故事：儿常以母为妻，其母来王尊处告发。而法律却没有规定此罪当如何处罚，因为这事太有伤风化，而这种行为又是罪不容诛，因此，王尊便以法外刑制裁，下令将不孝之子悬挂在树上，让五个骑兵将他射死。

辽代也用过此刑罚。一个叫肖古的女巫，向辽穆宗进献“延年药方”，须用男子的胆汁调和。穆宗使用此方数年，杀人甚多，却没见延年之效，便知自己受骗，将肖古射杀。

12. 投崖。这是辽代使用的一种刑罚，即把犯人从高崖之上抛下，将其摔死。据《辽史·刑法志》记载，辽代对一些身份高贵又犯了重罪的人，为维护其身份和尊严，一般不在公众面前执行死刑，而是采用“投崖”的方法将其处死，或强迫犯人自己投崖自杀。

13. 多刑并罚。古代有不少暴君酷吏还使用对一人施加多种酷罚而致其死亡的残酷刑罚。隋炀帝时，有大臣向他进谏阻止他巡幸，炀帝便先把谏者的腮帮子割坏，再将其斩杀。五代

时期，有一种用铁刷致人死亡的刑罚。对犯罪的人，先把他放在铁笼里，在笼外点火，然后用铁刷刷剔他的皮肉，使人在铁刷剥刺之下在铁笼中挣扎，最后在烈火中毙命。更有甚者，十六国时期，石季龙对太子宣用了这样的刑罚：先用铁环穿入他的下巴然后锁上，而后垛一柴堆，在柴堆之上竖一个带辘轳的木杆，辘轳穿上绳索，在柴堆上倚靠一个梯子，然后将太子的头发拔掉、舌头抽掉，再牵着他由梯子登上柴堆，再将辘轳上的绳子穿入他下巴上的环，将他拉起吊上，然后再砍断其手足，挖出眼睛，最后剖烂其腹部。这些惨绝人寰的兽行已无可命名。

（三）参夷与连坐

一个人犯了罪，惩罚这种犯罪的刑罚是只及犯罪者一身，还是连及他人，这从战国以来一直是个争论不休的问题。当人们还没有最后摆脱氏族制度的影响，还不是以独立的个人身份参与社会生活时，国家对一定的犯罪行为的惩罚常常是连及未参与犯罪的其他人，也就是一人犯罪罚及子孙。参夷和连坐便是古代刑罚中一人犯罪罚及他人的制度。

参夷，即夷三族，又称为族刑，即一人犯罪则灭绝三族。战国时期，秦、楚等国都有族刑，如楚灵王时“因庆封，灭其族”。对于三族，大多数限于父母、兄弟、妻子。汉初时沿袭秦朝旧制，法律上有三族刑。汉高后元年（公元前187年），除去了三族罪，在法律上也废除了三族刑。但是，法律上虽无三族刑，汉统治者却常常以族刑处罚谋反大逆之类的罪犯，如《汉书》记载，主父偃被族，郭解“大逆不道”被判族刑，晁错犯“大逆不道”，“当腰斩，父母妻子同产无少长皆弃市。”这也为族刑。

连坐是战国时期广泛采用的法律制度，即一人有罪连及他人，其与族刑不同：第一，族刑被连及者皆受死刑，而连坐连及者有的受死刑，有的不受；第二，因族刑连及者自身没有责任，只因与犯罪者有血缘关系才受到处罚，而被连坐者则往往负有国家赋予的某种法律义务。如商鞅变法时，实行邻伍连坐，把百姓编入什伍，使同伍人相互监督，一家犯罪，其他四家负有监督责任，如

果不举告就要受处罚。秦代除有什伍连坐之外还有军事连坐、全家连坐、因职务发生的连坐等。《史记·范雎蔡泽列传》："秦之法，任人而所任不善者，各以其罪罪之。"意思是上级对其所任用的官吏的犯罪行为不管是否知情，都要负连带责任。

汉代废除族刑后，连坐法在全家连坐上有了新的发展，被统治者用来惩罚他们最仇恨的人，或他们认为最严重的罪犯，虽然族刑的使用并未杜绝，但连坐已逐渐起到了代替族刑的作用，这时的连坐也称为从坐、株连、缘坐。

基本上代替了族刑的连坐，大多适用于谋反等大罪，在历朝历代都不曾中断使用，只是有的朝代使用较为宽缓，罪及面较窄，如《唐律》对于谋反大逆罪规定只有本人处斩，父子年十六以上绞；有的朝代使用则较为严苛，如《明律》对于谋反大逆罪的规定为，本人凌迟处死，受连坐的祖、父、兄、弟、子、孙及同居之人（不分同姓异姓）、伯叔父、兄弟之子（不限籍贯，也不管是否有病、残废），只要十六岁以上的人一律处斩，可见株连范围之广。

有的统治者对连坐之刑的使用还变本加厉，尽可能地扩大株连的范围，即有所谓的株连七族、九族、十族之罚。隋炀帝在位时，外征四夷，内穷嗜欲，兵革数动，赋役滋繁，致使百姓衣食不保，相继举兵反隋。后来杨玄感谋反，隋炀帝不仅将其本人杀掉，且罪诛九族。明代，朱棣凭借武力从建文帝手中夺取帝位，命方孝孺为他起草登基诏书，方孝孺因其篡夺帝位，将笔扔在地上，拒不起草。朱棣对此十分恼火，威胁他说："难道不怕我灭掉你的九族吗？"方孝孺回答说："就是灭十族我也不怕。"朱棣恼恨至极，除方孝孺的九族外，又将其门生收为一族，并加以诛戮，在中国历史上创造了灭十族的最高记录。《明史·方孝孺传》说道，方孝孺之死，宗族亲友前后坐诛者数百人。

五、古代常用的刑具

古代刑罚多种多样，执行刑罚的刑具更是五花八门、不可胜数。

（一）头部的刑具

1. 施用于头顶的刑具。

古代执行死刑的主要手段就是从头开始的，而从头开始当属暴君商纣王“金瓜击顶”首开先河。金瓜是古代铜锤，外形似瓜，故称金瓜。古代有金瓜击顶之刑，即用这种刑具击砸犯人的头颅。这种刑罚源于商周时代，到后代这种刑具演变为铜铁大锤兵器。

“商鞅变法”时期还有另外一种施用于头顶的酷刑，即凿颠酷刑。赵背户村秦刑徒墓出土的一具骨架，除头骨上有两个小洞外，其他部位均未发现受过刑罚的痕迹，则可断定其是受凿颠而死的。凿颠之刑所用刑具为铁凿和铁锤，有时击凿过猛可深入颈部，顿时致死。

2. 头顶下方的刑具。

《西游记》中那个神通广大的孙悟空，最怕的就是头上的那个紧箍，唐僧只要一念紧箍咒，孙悟空就会疼得满地打滚，服服帖帖。这个紧箍的原型就是当时衙门中的一种审讯犯人的刑具，叫做脑箍，是武则天时期，酷吏索元礼发明的，其施威区域是头顶稍微下移的部位。这种刑具套在犯人头上，在铁箍和头皮的缝隙间加木楔，用铁锤敲打。铁箍越收越紧，受刑者疼痛如刀劈，甚至于头颅开裂脑浆溢出，这是一种法外酷刑。到了宋朝，先把绳子缠在犯人的头上，再用木楔插进去。明代镇抚司的刑具库中也有脑箍。

3. 施用于面部及五官的刑具。

古代用于眼部的刑罚有刺眼、剜眼等，刑具有矛、尖刀等。隋代的车骑将军鱼赞，曾用竹签子刺瞎了为其烤肉的人的眼睛。

割掉鼻子和耳朵，虽然不至于危及生命，但破坏了容貌，对犯人的精神和

人格造成很大的摧残。割鼻古代称劓刑，前已介绍，是奴隶制五刑中的一种。割耳古称□刑，广泛用于商周时期。割鼻、耳所用的刑具，开始是兵器中的利刃，后世繁衍颇多，魏时缺铁有时用琉璃碴代之。

用于人面部的黥刑，在最初规定其为刑罚以前，施行时是用兽骨磨制成的骨针。而在人类掌握冶炼技术后，黥刑刑具则改为用刀，再后来则是用钢针刺面。

口，是进食及发音的器官。而在口部实行的刑罚，则大多以剥夺人发言的功能为目的。古时用核桃塞入口腔中，而由于核桃体积小，不能充塞口腔全部空间，后世便特制分大、中、小若干型号的木丸，将其强行塞进嘴里，以防止受刑者愤怒谩骂和揭露对某些权力者有威胁的秘密。还有更残酷的方法，即割舌，又称抽舌，有用刀割舌的，也有用剪子将舌头齐根剪掉的。一代明士方孝孺与明朝皇帝朱棣针锋相对，写下“燕贼篡位”并呼喊“要杀就杀，诏书决不起草”。朱棣怒不可遏，喝令左右用利刃割裂方孝孺的嘴，一直割到耳根之下。

（二）颈部的刑具

1. 枷。枷是古代套在犯人脖子上的刑具，起源于商周之间的梏刑具。梏刑具是用圆木夹脖子形成的夹具，发展为后来的由两块木板合成的枷刑具。这种刑具始于晋代，并一直沿用至清代，在其长达一千五百年的历史中，其规格、重量、样式也不断变化，时重时轻、时大时小。用途也更加广泛，有的利用枷的功能，将其施用在手上、脚上。从所用材料上看，除了以木头为主外，还有的用铸铁、皮革等制成，也有用绳子铁链配置的。一般木枷由一个人戴，也有一枷两人戴的，还有三人戴的。

隋唐以后多用木枷，且各朝代的枷皆有定制。据《唐六典》规定，枷长二尺五寸以上、二尺六寸以下，共阔一尺四寸以上、一尺六寸以下，径头三寸以上、四寸以下。唐代的枷只有长短厚薄的规定，没有轻重规定。而宋代规定了枷的重量等级，起初分二等，二十五斤

的一等，二十斤的一等，宋真宗时增加十五斤的一等，共三等。明代枷的规格与唐宋略有不同，据《明律·狱具图》规定："枷长五尺五寸，头阔一尺五寸，以干木为之；死罪重三十五斤；徒流重二十斤；杖罪重十五斤。"

明清时还有一种刑罚叫做枷号刑，即在犯人应受的戴枷刑罚之外还要加上枷号刑。起初，判徒刑一年的，枷号刑二十天；徒刑两年的，枷号刑二十五天，每等刑依次加五天。应充军附近的处枷号刑七十天；远一点的处枷号刑八十天；最远的则要服枷号刑九十天。到后来变成各种犯罪都要处以枷号刑，逐渐成为专门刑罚之一。康熙八年后，枷号的时间不过一个月、两个月、三个月，后来竟有按年计算或永远的枷号刑，那时的枷重达七十斤，轻的也得六十斤。到了乾隆五年才更改规定，应枷的犯人一律戴二十五斤的枷，但到清嘉庆皇帝后，重枷又规定为三十五斤。

2. 钳。是束缚犯人脖颈的金属制戒具。山西侯马发掘出的春秋战国时期的墓葬中，有的殉葬者脖子上便戴有铁钳。汉代的"髡钳城旦舂"刑罚，就是剃去犯人须发，给其加戴铁钳，并强迫其服城旦劳役。古代的钳并非锁链，而是一个直铁棍穿一个近半环状不能轻易弯曲的铁弓。据《晋律》规定，钳重二斤，而唐宋的钳重量轻于晋制。清代的钳常与索一起使用，索即铁链。钳索相连，长七尺，重五斤，对犯人的束缚比单纯的钳重得多。

3. 绳或帛。最早的绞杀是用丝绢来实现的，逐渐演化成了用绳子和铁索，其刑罚名称也变为绞刑。

4. 砍头刀等斩首刑具。斩首是砍掉头颅，使犯人身首异处的死刑，其所用刑具多为利刃和利斧，明代后多用砍头刀，因刀把上铸有黄铜鬼头雕像，故也叫鬼头刀。砍头刀是专门用来斩首的刑具，刀身比一般军用刀宽重，有的刀背上配有一撮红缨作为刑罚辟邪之用。刀把长八寸多，为刽子手专用，平时用黄绫布包扎，存放在官府指定地方，用时取下用酒消毒。刽子手砍头的技术要有专门的训练，对犯死罪的犯人脖子粗细要有充分了解，行刑时用刀部位、用力

轻重都有严格要求，砍头时只允许“一刀成”。刽子手行刑之前一般先喝酒，为的是壮胆。

（三）腹背的刑具

1. 鞭。传说五帝时代便有“鞭扑”之刑。《尚书·舜典》里说：“鞭作官刑”，即鞭刑是专门用来教训官吏的，因此较轻，一般不会致死。汉代以后，鞭刑时兴时废，不过一直有鞭刑的记载，大多是将犯人脱去上衣鞭打他的背部。

2. 肉刷。这种刑具木把上装铁钉，长约一寸，如刺猬状。使用这种刑具时，即用布满铁钉的一头一下一下地刷去犯人身上皮肉。五代时便有人使用。朱元璋使用这种刑具处罚过臣下，他令刽子手把犯人衣服扒光，捆好，赤裸裸地将其放在铁制的网床上。先用开水往犯人身上浇，再用铁刷子刷掉腹背上烫熟的肌肉，直至刷到露出白骨，将人折腾死。

3. 乳夹。是由两根木棒贯穿绳索而制成，专用于女性犯人。施刑时，将两根木棒夹在女人的双乳峰上，行刑人只要提绳收夹，女犯人的乳峰就被木棍夹紧。受到此刑的女性，其乳房由于被夹后失去血脉及营养供给而成为死肉，施刑严重的还会把女性的乳房夹掉。据记载，历史上还有用竹签插进女性乳头进行讯拷的，战国、唐代均发生过。另外，清代官府镇压太平军、义和团时，为了提取口供，曾用烧红的烙铁烫女人的乳头。更有甚者，在宋代、金代、元代、明代、清代都曾发生过乳割刑讯的案件，即将女性的乳房割掉。这种残害女性器官、身体的刑罚可谓变态、残忍至极。

（四）腰部的刑具

施用于腰部的刑罚主要为腰斩，即将罪犯拦腰斩断致死的刑罚，其刑具主要有钺、斧、铡刀等。其中，钺多为商周时使用，形状如斧，肩部有两个长方形孔，两侧有对称的血槽，既是刑具，也是兵器。而

提起铡刀，人们就会想起宋代公正无私的清官包公及他的三口御制铡刀，即龙头铡、虎头铡、狗头铡。由于这样一位清官，使人们往往不觉得铡刀是残酷的刑具，倒成了法律公正的象征，恨不得那铡刀能再锋利些，好铡尽天下所有的贪官污吏。铡刀来源于斧，最初，腰斩使用的刑具是分离的两样东西，即斧与锧。斩时用斧，锧是用斧砍人时下面垫的砧板，后来这两样用轴连在一起，斧演变为铡刀，锧演变为铡床。

（五）臀部的刑具

施用于臀部的刑罚主要是笞、杖之刑，而其刑具主要有木棍、大棒、竹条、皮鞭、皮板、木板、竹板和荆条等。

西汉开始对执行笞杖之刑所用工具的材质及规格作出规定，如景帝元年（公元前 156 年）制定《箠令》，规定："笞者，箠长五尺，基本大一寸，其竹也，未薄弱半寸，皆平其节。"说明此时工具为竹子即竹条。又如据《唐六典》记载："杖皆削法节目，长三尺五寸。讯囚杖，大头粗三分二厘，小头粗二分二厘，常行杖，大头粗二分七厘，小头粗一分七厘，笞杖，大头粗二分，小头粗一分半。"且唐代的杖也由竹子制成。而据《金史·刑法志》记载，金曾"铸铜为杖式"。而到了明代，杖则用荆条制成，《明律·狱具图》对杖有具体规定："笞，大头粗二分七厘，小头粗一分七厘，长三尺五寸，以大荆条为主。并须削去节目。讯杖，大头粗四分五厘，小头粗三分五厘，长三尺五寸，以荆杖为之。"

另外，辽金时代，执行笞杖之刑的工具有一种兵器，名为铁骨朵。其如蒜头状，以熟铁锻制而成，由八片熟铁虚合，木把为柳木，长三尺。辽金时期，凡犯盗窃罪、走私罪等犯人，使用铁骨朵处以杖刑，受刑的数量为五下或七下。这一时期还有一种执行杖刑的刑具，名为沙袋，用熟牛皮合拢缝制，内装沙子约两斤，袋长六寸，宽二寸，木柄长一尺多，凡应击杖五十以上的重犯人都用

沙袋击打。用这种刑具捶打犯人，不见伤痕创口，几乎看不到血迹，但被击打的骨肉处，容易造成肌肤内骨肉分离，内里出血拉伤等。

（六）手部的刑具

1.拲（gǒng）。这是专门给犯人手上戴的刑具。郑司农云：拲，两手共一木也。历史上曾把这种刑具称为壶手，也有称枷手的，使用这种刑具时，犯人的双手被套进一块木头上，即两手一木。据史料记载，此刑具产生于商周时代，由于是木制，很难被保留下来，因此其大小规格样式，现代人很难看到，只能通过商代出土的犯人陶俑来了解和认识这种刑具的大概样式。

2. 铁手铐。其与拲具的作用大体相同，然而铁制刑具体积小携带方便，而且牢固性强，显示出其较木制刑具的优越性。汉代，铁手铐的制作已到了中国历史上较成熟的时期，可安置铁锁于内，手铐上还安有挡锁板，防止犯人自己将锁打开。后世承袭了汉代手铐的做法，从形体上花样还不断增加，如有的手铐做成方形，手放在圆孔中，中间有隔铁板，可上下贯穿铁鼻子后安锁；有的手铐被铁箍锁死，中间为插式横锁等等。

清代还有一种竹筒制的手铐，外形像两段竹筒，合拢起来有圆孔，犯人双手从孔中伸过去，铁条穿过枷锁，因竹子见水后更加坚固，因此这种手铐多用于四川、湖南等阴湿地带。

3. 拶（zǎn）子，也叫拶指或拶夹。一种专门用来夹手指的刑具，多用于拷讯女性。这种刑具产生于隋唐，在明清两代广泛使用，多用于刑讯。这种刑具由五根圆木组成，各长七寸，径围各四分五厘，用绳子穿连小圆木套入手指，用力收紧绳子时，圆木就会紧夹手指。十指连心，用此刑具摧残手指时使人痛苦不堪，许多女子因忍受不了拶子的折磨而被迫屈招，有的甚至含冤自杀。